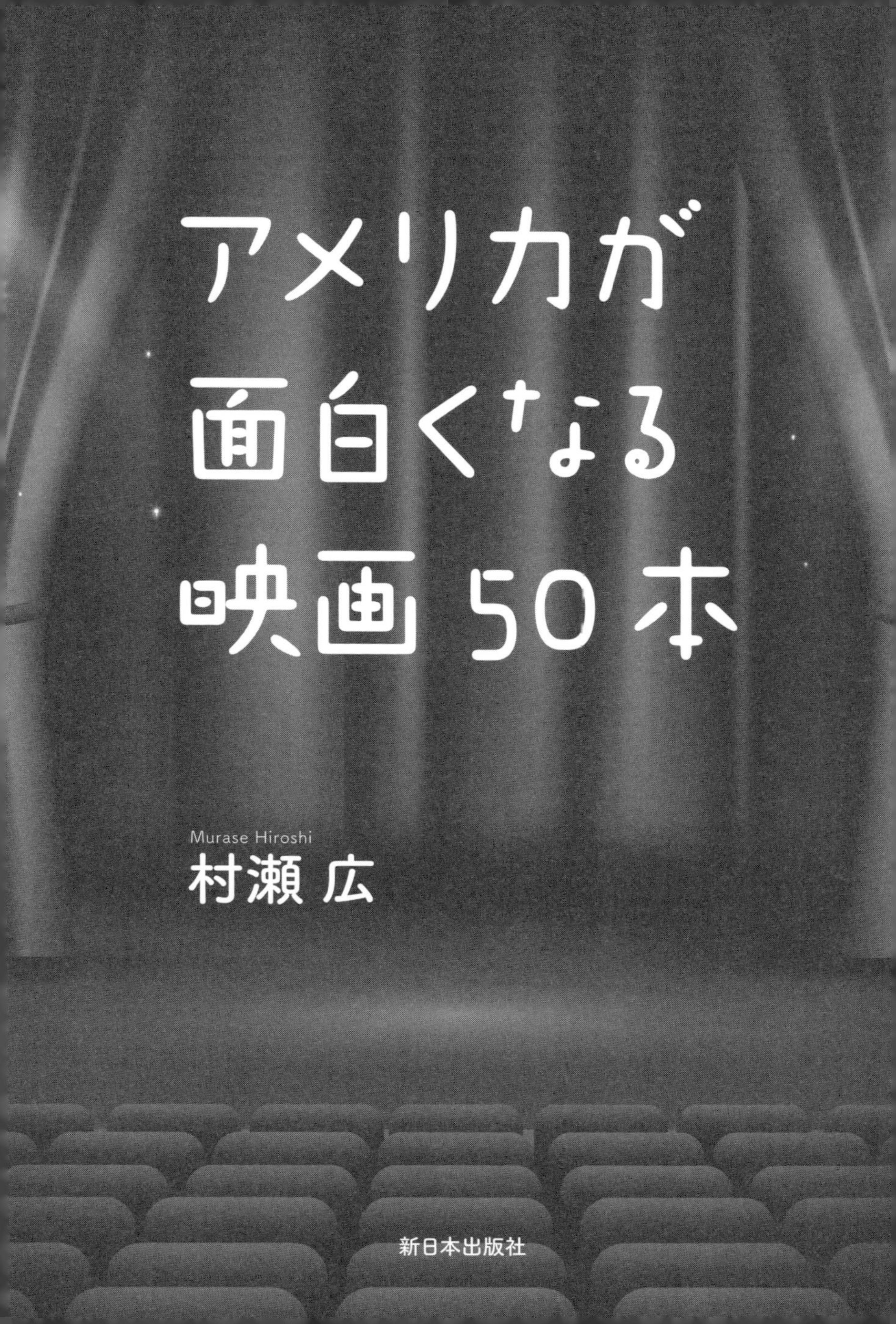

アメリカが面白くなる映画50本

Murase Hiroshi
村瀬 広

新日本出版社

はじめに――アメリカはどう映画に描かれているか

本書は、アメリカ社会のさまざまな側面が映画にどう描かれているかを考察したものである。アメリカといえば、何が連想されるだろうか。世界一の経済大国、軍事大国、スポーツ大国、ノーベル賞最多受賞国、世界の頭脳流出受入国。それなのにツイッターでフェイクニュースを流しまくり、差別と偏見を拡大している大統領の国。さらに銃乱射事件・人種差別問題が絶えない国、個人や企業の電話やメールを国家が掌握している国、世界中からの移民・難民問題を抱える国、大規模な山火事が頻発する国、社会保障が貧弱で個人責任の国、訴訟大国、ファーストフード大国。そして、アカデミー賞、大リーグのロサンゼルス・エンゼルスと大谷翔平選手、ＮＢＡと八村塁選手、ニューヨーク・タイムズ、ワシントン・ポスト、などだろうか。

アメリカは映画大国でもある。名作・傑作は数知れない。歴史を振り返れば、ジョゼフ・フォン・スタンバーグ監督「モロッコ」（一九三〇年）、チャップリン「街の灯」（一九三一年）や「モダン・タイムス」（一九三六年）をはじめ、ヴィクター・フレミング「風と共に去りぬ」（一九三九年）、ジョン・フォード「怒りの葡萄」（一九四〇年）、マイクル・カーティズ「カサブランカ」（一九四二年）、フレッド・ジンネマン「真昼の決闘」（一九五二年）、ジョージ・スティーヴンス「シェーン」（一九五三年）、ウイリアム・ワイラー「ローマの休日」（一九五三年）、エリア・カザン「エデンの東」（一九五五年）、セシル・B・デミル「十戒」（一九五六年）、ビリー・ワイルダー「翼よ！ あれが巴里の灯だ」（一九五七年）、シドニー・ルメット「十二人の怒れる男」（一九五七年）、アルフレッド・ヒッチコック「北北西に進路を取れ」（一九五九年）、ジョージ・ロイ・ヒル「明日に向って撃て！」（一九六九年）、ピーター・ウィアー「いまを生きる」（一九八九年）、ジェームズ・キャメロン「タイタニック」（一九九七年）などなど、枚挙に暇がない。

これらの中には文芸作品や社会派作品もあるが、多くは娯楽性と大衆性を備えた映画全盛期の名作・傑作である。しかし、一九八〇年代、一九九〇年代にはテレビとの競合による映画の低迷や伝統的価値観の変容で、映画の世界も少しずつ変わっていく。典型的な作品は、一九九〇年のケビン・コスナー監督・主演「ダンス・ウィズ・ウルブズ」（第1章）である。それまでの西部劇のほとんどは、ネイティブ・アメリカンを悪役にした白人中心のものだったが、同作品はネイティブ・アメリカンの立場に立った初めての映画であり、それ以降の西部劇を根本的に変えた。一九九六年のマイケル・チミノ「心の指紋」、タブ・マーフィ「ネイティブ・ハート」も同様である。

一八三〇年のネイティブ・アメリカンに対する強制移住法でミシシッピー河の東に住んでいたネイティブ・アメリカンは西側に新たに設けられた特別保護区に移住させられた。金鉱を含んでいた彼らの土地は白人に分配された。このような理不尽な政策を強行し、ネイティブ・アメリカンに白人文化への同化か絶滅かを強いてきた過去の歴史がようやく批判、反省され出したのである。奴隷制や黒人差別もそうである。アメリカ社会の中心理念だった〝アメリカン・ドリーム〟の影は薄れざるを得なくなった。

それと表裏して、娯楽だけでなく、アメリカ社会の矛盾や病弊を掘り下げた映画も増えていった。映画で社会を変えようという動きも出てきた。つくりたい映画をつくるため、ハリウッドなどの大資本に頼らないインディペンデントの映画人が増え、それを支援するロバート・レッドフォードのサンダンス・インスティテュートのような組織も生まれた。

「インディ・ジョーンズ」や「ロッキー」「スパイダーマン」「ハリー・ポッター」「トイ・ストーリー」「トランスフォーマー」シリーズのような人気娯楽映画と並んで、社会派映画がもう一方の流れとなってきたのである。本書で取り上げるのは、そうした作品である。

社会派映画は固いとみられがちだが、必ずしもそうではなく、ヒューマニズムや人情、娯楽性を備えたものも少なくない。何よりもそれらの映画によって、われわれはアメリカの隠れた歴史や現実、社会の細部をうかがうことができる。映画という視覚的体験によって、膨大な活字情報に匹敵する情報に接することができるのである。

アメリカ社会で埋もれていた問題の掘り起こしや検証は、映画作家や監督の目指すところともなった。イラクの大量破壊兵器問題を追及し続けた中堅新聞社の健闘を描いた「記者たち」（第5章）のロブ・ライナー監督は、国民が真実を知ることが許されなければ、民主主義は存続しないという危機感を抱き、自分の映画はそのようなメッセージを伝えるためにあると言っている。
五〇年前の大暴動の真相に迫った「デトロイト」（第2章）のキャスリン・ビグロー監督も、映画は社会的活動のひとつで、心に留めているテーマについて社会に届ける手段であると言っている。映画は時代を映す鏡といわれるが、そこに何を盛るかが問われる。つまり、何のために映画をつくるのかということである。ロブ・ライナー監督やキャスリン・ビグロー監督の場合はそれが明確である。マスコミやマスメディアの権力監視・チェック機能が衰弱していると観察される日本と比較すると、彼らの作品から受ける示唆は大きいと思われる。

アメリカ映画は多いが、アメリカ社会の細部を描いた映画はそう多くはない。カトリックとプロテスタントには独自の文化があり、さらに枝分かれした宗派が独自の行動準則を持ち、その影響や規制が地域社会や個人に浸透していることも、「ハクソー・リッジ」（第3章）や「スポットライト」（第4章）、ジョエル・エドガートンの「ある少年の告白」（二〇一八年）などに見え隠れしている。「ハクソー・リッジ」の主人公は、セブンスデー・アドベンチスト派の教えに従って、武器を持たず、軍隊に所属しながら人を殺さない衛生兵の信念を貫くのである。「ある少年の告白」も、息少年の両親が聖書原理主義に立つ福音派キリスト教徒で同性愛を神に対する罪と考えたために、子を受け入れることができなかった。

もうひとつ確認されるのは、アメリカの地域社会の懐の広さと深さである。それらは「僕はラジオ」(第3章)、「不都合な真実2」(第2章)、「ニューヨーク公共図書館」(第4章)などに看取される。トランプ大統領が地球温暖化対策に消極的であっても、アメリカの企業や地方自治体は独自の対策を推進している。だからゴア元副大統領は「不都合な真実2」の中で、地球温暖化問題を、緊急性はあるが、まだ手遅れになってはいないと楽観視しているのである。「ニューヨーク公共図書館」のフレデリック・ワイズマン監督も、トランプ大統領が破壊したいと考えている民主主義的伝統をニューヨーク公共図書館は象徴していると言っている。


本書ではアメリカの社会、政治、文化を描いた五〇本の映画を取り上げている。それらはここ二十数年の間に製作公開されたものであり、文字通り現代の映画である。毎年、公開されている多数のアメリカ映画のごく一部でしかない。しかし、五〇本の映画の多くは事実に基づいており、ある程度の分野と傾向はカバーされていると判断し、五つのテーマに従って考察することとした。

アメリカは幕末の開国以来、日本に最も関係の深い国のひとつである。第二次世界大戦を経た戦後は、東西冷戦の中でその関係がより深いものになったが、その基本は日本が政治的にアメリカに従属する関係である。国際政治・外交におけるアメリカへの追随は極端である。

そうした政治的な特殊関係を除けば、アメリカは社会的、文化的に興味ある大国であり、そこから受ける刺激や影響には大きなものがある。多くの日本人にとって、アメリカは身近で、何かを国際的に考えるときの指標や目標になる国といっていいであろう。

本書は月刊『地方財務』（ぎょうせい刊）に二十数年間連載している「映画の窓から」の中から、アメリカ社会を描いた作品をピックアップして編集したものである。執筆、掲載した時期が内容に反映されているので、末尾に掲載年月を記している。本書への収録を承諾された『地方財務』編集部と、写真使用にご協力くださった配給・宣伝会社、ＤＶＤ製作・販売各社にお礼申し上げたい。さらに執筆に関しては、映画公開前後の関係新聞雑誌記事や配給会社のプレス用資料などに助けられている。関係各位に感謝したい。

本書は前著『映画は戦争を凝視する』（二〇一六年）に引き続き、新日本出版社のお世話になった。出版事情がいっそう厳しい折、企画を受け入れてくださった同社と実務を担当された角田真己氏に感謝申し上げたい。

二〇一九年一〇月

村瀬　広

目次

第2章　根深い社会問題　59

第1章　アメリカ人のルーツ

Dances with Wolves

「ダンス・ウィズ・ウルブズ」ネイティブ・アメリカンの立場に立つ

ケビン・コスナー監督・製作・主演　一九九〇年　アメリカ　一八一分

フロンティアの内側の視点

この映画は一九九一年四月初めにトロントで見た。アカデミー賞最多七部門受賞ということで人気は上々、映画館はほぼ満員、書店の店頭にも原作が山積みだった。ホテルの有料テレビでもロバート・デ・ニーロの「レナードの朝」やシェールの「マーメイド」と並んで放映されていた。

字幕がないので前半は苦労した。後半がそうでもなかったのは、スー族の言葉ラコタ語がかなり使われ、そのときは英語の〝字幕〟があったからだ。三時間のうち、一時間はラコタ語だった。この映画はネイティブ・アメリカンの描き方など、これまでの西部劇とは一味も二味も違っているが、このラコタ語の使用はその象徴といっていい。

ラコタとはダコタの訛《なま》りである。そして、ダコタ族はスー族のことだ。スー族は三支族に分かれ、他の部族との争いはあったが、現在のミネソタ州とその周辺で狩猟、漁業、野生の米、トウモロコシの耕作などをして暮らしていた。ダコタは同盟を意味する。

一九世紀になって様相は一変する。白人の側からのフロンティアが近づき、生活圏が圧迫され、戦争になり、虐殺され、敗北する。生き残ったスー族は保留地に囲われ、本来の部族語であるラコタ語は使用禁止となり、以後アメリカでは白人だけの歴史が刻まれていくのである。

写真協力　公益財団法人川喜多記念映画文化財団

ケビン・コスナーは友人マイケル・ブレークの原作を読んで監督役を申し出たが、プロデューサーは難色を示した。ネイティブ・アメリカンの立場に立った初めての映画であること、三分の一がラコタ語であること、三時間の大作であることが理由だった。そこでコスナーは私財を投じてプロダクションを設立し、製作、監督、主演の三役にチャレンジした。

フロンティアとネイティブ・アメリカン

一八六三年秋、南北戦争の激戦地セント・デービッド。負傷して足を切断されそうになった北軍の中尉ジョン・ダンバー（ケビン・コスナー）は死に場所を求め、無数の銃が待ち構える敵陣の前を愛馬シスコに乗ってひた走る。助かった彼は、士気を鼓舞し、勝利に寄与した殊勲で、任地を選ぶ権利を与えられる。

彼はフロンティアを希望し、セッジウィック砦《とりで》の勤務に就くことになる。彼は、フロンティアはいずれ消滅するだろうから、その前に見ておきたいと思ったのだ。だが、セッジウィック砦は無人となり、荒廃のままだった。やがて彼は自然や大地と対話を始める。野生の狼と心を通わし、スー族と出会い、人間的な交流を深めていく。

大自然と調和した素朴で平和的な彼らの生活、家族や部族の団結など、日常の細部が優しく描かれる。ネイティブ・アメリカンの生活がこれほどこまやかに再現された映画はなかった。バッファローもネイティブ・アメリカンにとっては貴重な生活の糧《かて》であり、決して無駄に狩ることはなかった。白人が皮革だけのため、あるいは遊びでハントするシーンはいかにも空しい。

ダンバーはネイティブ・アメリカン社会に溶け込み、ダンス・ウィズ・ウルブズ（狼と踊る男）というネイティブ・アメリカン名で呼ばれるようになる。そのとき彼は本当の自分を発見したと感じる。すでに彼は、より人間的な営みがあるフロンティアの向こう側に心を置きつつあった。

しかし、次第に白人の側からのフロンティアが迫ってくる。フロンティアの消滅はネイティブ・アメリカン征服の完了を意味する。騎兵隊の足音が近づいてくる中で、彼と妻（ネイティブ・アメリカンに育てられた白人女性、〝拳を握って立つ女〟、メアリー・マクドネル）は、行動の選択を迫られる。公式にフロンティアが消滅したのは、その一三年後の一八九〇年である。

西部劇の新境地を拓く

この作品は、ケビン・コスナーの資質と思想に裏づけられている。「駅馬車」や「黄色いリボン」「遠い太鼓」「折れた矢」「最後のインディアン」「馬と呼ばれた男」「コマンチェロ」「シャイアン」など、ネイティブ・アメリカンが登場する映画は数え切れない。しかし、それらはすべて白人の側から描かれたものだった。最初は軽蔑の対象として、次は白人を襲う恐怖の対象として描かれ、固有の文化と社会秩序を持つ人間集団として描かれることはほとんどなかった。

西部劇全盛期は悪役にネイティブ・アメリカンがいてのことだった。一九七〇年代にネイティブ・アメリカンやエスニック・マイノリティの研究が進み、ベトナム戦争の挫折が加わると、以前のようなストーリー展開は無理になり、西部劇は衰退したのである。

だから、西部劇復活のためには、白人の視点ではなく、正確で公正な歴史認識に立った作品が必要だった。ケビン・コスナーの誠意は懐疑的だったスー族の人たちを変え、積極的な協力を引き出した。完成した映画を見て、彼らは泣いたという。思い出すことさえ奪われていた一〇〇年前の真実に感動して泣いたのである。

（一九九一年七月）

Geronimo

「ジェロニモ」ネイティブ・アメリカンの視点に一歩近づく

ウォルター・ヒル監督・製作　一九九三年　アメリカ　一一五分

西部劇は変わったか

一九九〇年ケビン・コスナーの「ダンス・ウィズ・ウルブズ」以降、西部劇は変わらざるを得ないだろうといわれた。それまでの白人中心、ネイティブ・アメリカンは野蛮人で新社会建設の邪魔者といった西部劇のウソが知れわたり、「ダンス・ウィズ・ウルブズ」でとどめを刺されたからだ。

ネイティブ・アメリカンは自然とうまく共生したエコロジカルな存在であることも広く知られるようになった。そうした先住民ネイティブ・アメリカンと白人はなぜ共存できなかったのか。なぜ数々の大量虐殺を繰り返し、保留地に閉じ込め、生存も文化も抹殺しようとしたのか。歴史を覆すことはできないが、事実を正しく知ることは必要だ。こうした視点からアパッチ族の勇士ジェロニモがよみがえる。

これまでジェロニモが登場した西部劇は一六作に上る。タイトルにジェロニモの名前が出ているのも五本ある。その多くは勇猛なアパッチ族のリーダーで恐怖の存在、手強い敵といったものだ。なかには一九五〇年の「折れた矢」や六二年の「酋長《しゅうちょう》ジェロニモ」などのように、新たな視点で描いた作品もあったが、総じては人格を与えられない〝顔のない悪魔〟のニュアンスが強かった。

一九九二年のクリント・イーストウッド「許されざる者」が、フロンティア・スピリットの伝説

「ジェロニモ」
DVD スペシャルプライスで好評発売中！
発売・販売元：株式会社ハピネット
（本書刊行時の情報）

や郷愁をいっさい排除し、リアルで辛口の西部劇を観客の前に提示したように、この作品もジェロニモの正確な実像を描こうとしている。といっても適度の娯楽性を装着しているところがハリウッド映画らしいところだ。

ジェロニモはなぜ投降したのか

映画は一八八五年のジェロニモ投降の場面から始まる。サンカルロス基地まで連行する役目を負ったのは、アパッチに対する深い知識と理解を持ったチャールズ・ゲートウッド中尉（ジェイソン・パトリック）と、彼の補佐を命じられた若い少尉ブリットン・デイビ

ス（マット・デイモン）だった。このデイビス少尉が後年回想し、事実をありのままに伝えるという形で物語が進行する。

当時、ジェロニモ（ウェス・ステューディ）は五五歳ほどで白馬にまたがり、風格あふれる戦士だった。デイビスはその迫力に圧倒される。ジェロニモは若い時、メキシコ兵に母親、妻子を殺され、以来メキシコ兵と戦ってきた。ジェロニモというのは本名ではなく、ゴヤクラあるいはゴヤスレイ（あくびをする男）だったのだが、勇猛果敢な戦いぶりがメキシコ兵に闘士セント・ジェロームを連想させたので、ジェロニモと呼ばれるようになったらしい。

ジェロニモはまた酋長でもなかった。彼はいくつかあるアパッチ族のなかのチリカワ・アパッチのメンバーで、若年の酋長を補佐して表に出ることが多かったので、酋長と間違えられるようになった。

アパッチはメキシコ州、アリゾナ州に住み、元来、漂泊狩猟民だった。最初は生活圏を圧迫するメキシコ兵と戦い、フロンティアが迫ってくるにつれ、アメリカ合衆国と戦うことになった。白人は彼らを保留地に追い込み、農業に従事させようとした。彼らの生活と文化を一方的に変えようとしたのである。ジェロニモはそれを不当と考え、抵抗した。

一方で彼は冷静沈着、合理的な判断をし、形勢が不利とみると投降した。四度投降したが、三度脱走したということだ。映画最初の三回目の降伏は、ネイティブ・アメリカン問題をできるだけ平和的に解決しようと努力するサンカルロス基地の責任者クルック准将（ジーン・ハックマン）を信頼し、約束したからだった。

裏切られたネイティブ・アメリカン

結局、彼らは裏切られる。ネイティブ・アメリカンは約束を重んじたが、白人はことごとく約束を反古《ほご》にした。連邦政府は土地紛争などの解決のため、三七〇もの条約を結んだが、すべて空手形でひとつも履行しなかった。最後の投降をジェロニモにすすめたゲートウッド中尉もクルック准将の後任のマイルズ准将が約束を守る意思のないことを見抜いていた。

この映画はフロンティアが消えつつあったアメリカ史の転換期の人間群像を描いたものともいえる。文化の衝突と悲劇。一方による一方の抹殺。白人の側にも確かにネイティブ・アメリカンに理解と同情を示した人がいたが、彼らも歴史のうねりに呑まれていった。そんななかでジェロニモは滅びゆく民族と文化を気高く体現しているかに見える。

そうした原作とシナリオの視点もさることながら、映画としてもよくつくられている。アクションシーンは躍動的で迫力があるし、ジェロニモや騎兵隊の斥候《せっこう》役は「ダンス・ウィズ・ウルブズ」にも出演したネイティブ・アメリカンの俳優たちだ。アメリカの先住民協会が「自分たちの祖先の正しいイメージを初めて再現してくれた」と、この映画を評価、推薦していることがすべてを物語っていよう。

（一九九四年七月）

True Grit

「トゥルー・グリット」フロンティア消滅前後のアメリカ

コーエン兄弟監督　二〇一〇年　アメリカ　一一〇分

フロンティア消滅前後

アメリカでフロンティアが消滅したのは、一八九〇年といわれている。具体的にはネイティブ・アメリカン掃討が完了した年であり、アメリカが太平洋に進出する前夜である。この映画の舞台はその一二年前、一八七八年のアーカンソー州（現在はオクラホマ州）フォートスミスで、近くにはまだネイティブ・アメリカン領があり、そこは白人社会の秩序が及ばない無法地帯でもあった。そのため、脱走者や逃亡者が身を隠す場所にもなっていた。白人史観に立てば、フォートスミスは文明と未開の間に位置した辺境の町だった。

そこに一四歳の牧場主の娘マティ・ロス（ヘイリー・スタインフェルド）がやってくる。父がこの町で雇い人のチェイニー（ジョシュ・ブローリン）に殺されたのだ。母は泣いてばかりなので、遺体の引き取りやさまざまな事後処理がマティの肩にのしかかってきたのである。事情を探っているうち、チェイニーは逃亡者となって、ネイティブ・アメリカン領に逃げ込み、お尋ね者のネッド（バリー・ペッパー）一味の仲間入りをしたことがわかる。

マティはチェイニーが裁判で正当に裁かれることを期待していたが、それができないと悟ると、父の敵《かたき》を自分で討つ決心をする。そして、一四歳とは思えない大胆、堅実な交渉で、大酒飲みだが腕ききの連邦保安官ルースター・コグバーン（ジェフ・ブリッジス）を雇い、過酷な犯人追跡の旅

「トゥルー・グリット」
Blu-ray 好評発売中／ 2,381円＋税
発売・販売元：NBC ユニバーサル・エンターテイメント
「トゥルー・グリット　スペシャル・エディション」
DVD 好評発売中／ 1,429円＋税
発売・販売元：NBC ユニバーサル・エンターテイメント　（本書刊行時の情報）

に出る。そこに別件でチェイニーを追っているテキサス・レンジャーのラビーフ（マット・デイモン）が加わり、三人旅になる。テキサス・レンジャーとは、元は民兵組織だが、テキサスがアメリカに編入される前から、国境警備や治安維持などを担っていた警察と同格の組織である。

トゥルー・グリットとは

トゥルー・グリット True

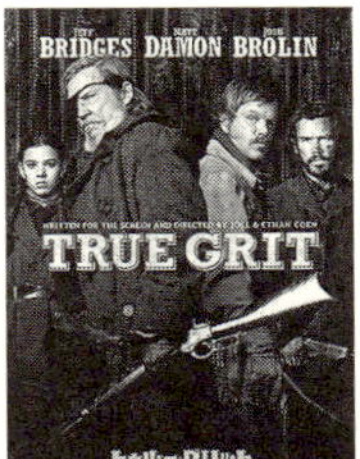

Gritとは、真の勇気という意味で、マティがルースターを選んだ理由でもある。しかし、それはルースターのみならず、マティにもラビーフにも求められることになる。三人はときに反発し合いながら、最終的な目的に向けて、トゥルー・グリットを試されるのである。

最後のルースターとネッドら四人との対決シーンは迫力がある。ここでルースターはたづなを口にくわえて、二丁拳銃を使う。四人を相手に鮮やかなガンさばきを見せる。一方、一味に捕えられたマティも、危機一髪のところをラビーフに助けられ、敵討ちを果たすが、蛇穴に落ちて、毒蛇に左手を咬《か》まれてしまう。

原作となっているチャールズ・ポーティスのベストセラー小説「トゥルー・グリット」は実は、一九六九年にジョン・ウェイン主演で映画化されている（邦題「勇気ある追跡」）。この作品でジョン・ウェインは念願のアカデミー賞主演男優賞を受賞している。

しかし、ジョエル・コーエンも弟のイーサン・コーエンも原作自体に魅かれて映画化を考えたので、西部劇をつくるというアプローチも、「勇気ある追跡」のリメークを考えたこともなかった。ストーリーがたまたま西部劇の世界だっただけという。ジェフ・ブリッジスもジョン・ウェインがどう演じたかを意識することはなかった。

この映画はより原作に沿い、マティの試練と成長を通してアメリカ人の素朴なプロテスタント精神を表現することになった。これがアメリカ人の琴線に触れ、アカデミー賞一〇部門にノミネートされて、コーエン兄弟には珍しい興行的に成功した作品になった。

西部劇とアメリカ人

最後に面白いシーンがある。二五年後にマティが、ルースターが出演していたらしいメンフィスのワイルド・ウエスト・ショーを訪ねるところである。二〇世紀の初めには、かつてフロンティアがあったワイルド・ウエストは見世物になっている。東部の人間に見せるために過ぎ去った西部の世界が、誇張され、美化され、テーマパークのようになっている。

アメリカ人はつねにフロンティアを必要とするともいわれる。世界を支配したアメリカにとって、現代のフロンティアは宇宙かも知れない。かつて西部劇の多くは、フロンティアの異端ないし障《しょう》碍《がい》であるネイティブ・アメリカンの掃討を素材にした単純なものだった。時代が変わり、ネイティブ・アメリカン掃討がアメリカの原罪と認知され、西部劇のテーマはフロンティア時代のアメリカン・スピリットに移っている。不屈の精神と自制心と勇気。つまり、トゥルー・グリットである。

この作品にはリーマン・ショックで落ち込んだアメリカ人のマインドを鼓舞する戦略があるともいわれたが、西部劇がアメリカ人にとって原風景であることは確かであろう。そこに父を亡くした健気な娘と、家族に見放されたガンマンの疑似親子関係が加わり、ヒット作品となった。一万五〇〇〇人のオーディションから選ばれたマティ役のヘイリー・スタインフェルドが、アカデミー賞助演女優賞を逸したのは残念だった。

（二〇一一年六月）

「それでも夜は明ける」 奴隷に売られた自由黒人

12 Years a Slave

スティーヴ・マックィーン監督　二〇一三年　アメリカ　一三四分

自由黒人とは

第八六回アカデミー賞作品賞、脚本賞、助演女優賞を受賞した話題の作品。一八四一年、白人と同様に自由を保証された〝自由黒人〟が、拉致《らち》されて奴隷商人に引き渡され、一二年間を奴隷として過ごした末にようやく自由を獲得した実話の映画化である。原作はソロモン・ノーサップの〝12 Years a Slave〟。

アメリカでは一八〇八年に奴隷の輸入が禁止されたが、南部の大農場は奴隷を必要としており、そのため北部の自由黒人を拉致して奴隷市場に送り込むような犯罪が横行した。供給が減ったので、奴隷価格が高騰し、その種の犯罪が続出したのである。ソロモン・ノーサップもその被害者だった。彼の父親は元奴隷だったが、母親は自由人だった。彼はバイオリン奏者で、白人の友人も多かった。リンカーンの奴隷解放宣言（一八六二年）のほぼ二〇年前の出来事である。

スピルバーグ監督の「カラーパープル」（一九八五年）や「アミスタッド」（一九九七年）をはじめ、奴隷制や奴隷労働を扱った映画は多数に上る。しかし、奴隷制が終焉《しゅうえん》しようとする時代に自由黒人を登場させて、奴隷制の非人間性や非合理性を訴えた映画は見当たらない。

一九世紀半ば、黒人のほとんどは南部の奴隷でその総数は約四〇〇万人にも及んだが、自由黒人

「それでも夜は明ける」
DVD 好評発売中／ 1,143円＋税
発売・販売元：ギャガ
（本書刊行時の情報）

は南部にもいて、黒人全体の一〇パーセント余りが自由黒人だった。彼らの存在自体、よく知られているとはいえないが、マックイーン監督は、奴隷解放の喜びと不当に奴隷にされる不幸の両極を体験した男の映画を以前から構想していた。ソロモン・ノーサップの原作は格好の素材だった。

拉致されたソロモン

一八四一年、ニューヨーク州のサラトガ。妻と娘と息子と幸せに暮らしていたバイオリン奏者のソロモン・ノーサップ（キウェテル・イジョフォー）は、二人組の白人興行師にワシントンでのショー演奏の仕事を持ちかけられる。承諾し、仕事を終えたソロモンは彼らと祝杯をあげているうち、酔いつぶれてしまう。気づくと地下室に鎖でつながれていた。自由証明書も何もかも奪われ、名前も証明できない。南部のジョージア州から逃亡してきた奴隷ということにされていた。すべて二人組の策略だったのだ。抵抗すると容赦なく鞭《むち》打たれ、数人の黒人男女とともにニューオーリンズ行きの船に乗せられた。ここでも抵抗は無駄だった。抵抗すると虫けらのように殺されるからだ。

奴隷市場でプラットという名前をつけられたソロモンを買ったのは、牧師で大農園主のフォード（ベネディクト・カンバーバッチ）だった。ソロモンは製材所で働くことになったが、真面目で有能なソロモンはすぐにフォードに気に入られる。しかし、白人の大工たちにいじめられ、反抗したソロモンは首に縄をかけられて、木に吊るされる。

農園の監督官に命は救われるが、フォードが帰るまで、爪先が地面にやっと着く状態で何時間も放置される。のどかな午後の日射しのなかで、苦痛にあえぐソロモンと対照的に他の奴隷や子どもたちは何事もないかのように日常生活を送っている。そうしなければ、彼らも生きてゆけないのだ。印象に残るシーンである。

フォードは奴隷たちに神の教えを説く牧師ではあったが、それ以上にリアルな農園経営者だった。大工たちにソロモンが殺されないうちに、借金返済を兼ねてソロモンをエップス（マイケル・ファスベンダー）に売り払ってしまう。エップスは屈折した人種差別主義者だった。広大な綿花畑の労働に奴隷たちを酷使しながら、若い女性の奴隷パッツィー（ルピタ・ニョンゴ）に惹かれ、弄《もてあそ》んでいた。パッツィーは傑出した労働能力があったが、エップス夫人の嫉妬を買い、地獄の日々だった。パッツィーをかばうソロモンにエップスはパッツィーへの鞭打ちを命じる。

奴隷制を正面から描く

ソロモンは家族に再び会うことを決して諦めなかったが、その手がかりはどこにもないように見えた。しかしあるとき、カナダ出身の大工バス（ブラッド・ピット）に会い、チャンスが訪れた。バスは奴隷解放論者だった。ソロモンは密かに必要な情報をバスに提供し、自由黒人の証明を依頼した。

そして、しばらくしたある日、迎えの馬車が到着する。ソロモンが不当に拉致された自由黒人であることが証明され、解放を命じるためである。エップスは抗議するが、無駄だった。数週間後、ソロモンはようやく家族のもとに帰ることができた。一二年の歳月は短くはなかった。娘は結婚し、孫が生まれていた。

ソロモンが書いた本は、話題になり、演劇にもなった。彼は講演と本の販売のため、各地を回ったという。奴隷制は大きなテーマだが、まだ本格的な映画はつくられていないという監督に、ブラッド・ピットが共感し、この映画がつくられた。彼は出演だけでなく、製作者としても作品を支えている。

（二〇一四年七月）

「リンカーン」奴隷解放への政治過程

Lincoln

スティーブン・スピルバーグ監督　二〇一二年　アメリカ　一五〇分

リンカーンと奴隷解放

第一六代アメリカ大統領エイブラハム・リンカーンは、ゲティスバーグ演説「人民の人民による人民のための政治」、そして奴隷解放宣言とともに記憶されている。民主主義原理と人間平等の精神を高く謳《うた》った歴史上もっとも高名な政治家であり、多くのアメリカ人によって最高の大統領と評価されている。

しかし、一八六二年の奴隷解放宣言は、南軍支配地域六州の奴隷のみを対象にしたもので、なおかつ戦時措置であって終戦後には効力を失うという限界を持っていた。若いときにミシシッピーの船上で手かせにつながれた奴隷たちを見たことが、心に重く残ってきたリンカーンは、奴隷解放を確実なものにするために、憲法改正にチャレンジする。

それは至難の道でもあった。下院で三分の二以上の賛成を確保することは南北戦争終了後では不可能とみて、あえて戦争を長引かせる必要にも迫られた。同時にそれは何千人もの若者の犠牲を意味していた。戦況は北軍に有利だったが、南軍のリー将軍の卓越した指導力で戦線は膠着《こうちゃく》した。結局、南北戦争は両軍に戦死者六二万五〇〇〇人をもたらし、アメリカが経験したあらゆる戦争の犠牲者一三〇万余のほぼ半数に迫る悲惨な結果となった。

「リンカーン」
Blu-ray 好評発売中／1,905円＋税　（本書刊行時の情報）
発売・販売元：20世紀フォックス ホーム エンターテイメント ジャパン

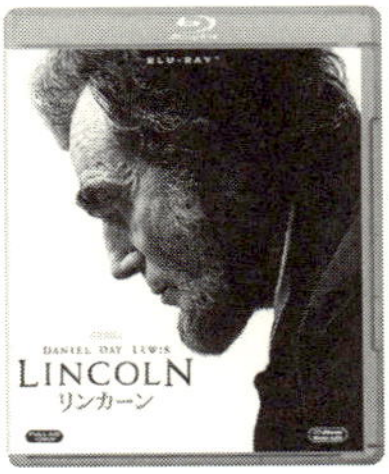

ケンタッキー州に生まれたリンカーンは、正規の学校教育を受けなかったが、継母サラから読み書きを教わり、独学と努力で幾何学や法律を学び、二七歳で弁護士となった。四〇歳過ぎから政治に関心を持ち、一八五六年、四七歳のときに共和党が発足すると党員になり、演説の巧みな政治家として注目されていく。

一八六〇年一一月に第一六代アメリカ大統領に選出され、翌六一年四月に南北戦争が勃発、翌六二年に奴隷解放宣言、一八六三年にゲティスバーグ演説を行った。映画で描かれているのはその後である。一八六四年一一月に大統領再選、翌六五年一月三一日に憲法修正一三条の下院可決、四月に南北戦争の事実上の終結。しかし、数日後の四月一四日、フォード劇場で暗殺された。

文字通り激動の時代の渦中で、リンカーンはいかにして奴隷解放を実現したのか。

リンカーン・チームの議会工作

奴隷制度は微妙な問題を含み、リンカーン（ダニエル・デイ＝ルイス）も当初は政治問題にしないつもりだった。奴隷制度を持たない北部が南部の奴隷制度を批判すれば、アメリカ合衆国の分裂をもたらすと考えたからである。だから一八六〇年の大統領選では奴隷制度には触れていない。

合衆国から脱退した七州が南部連合を組織し、奴隷制を守るために南北戦争が始まっても、戦争停止と奴隷制存続を交換条件にしている。しかし、南軍が拒否したために、奴隷解放宣言に迫られ、なおかつその効力を永続的なものにするために、憲法修正一三条の下院可決を目指したのである。

上院ではすでに可決されていたが、下院の可決は難題だった。説得すべき相手は、民主党よりも与党内急進派だった。国務長官ウィリアム・スワード（デヴィッド・ストラザーン）と配下のロビイスト三人組は、民主党議員にポストと引きかえに賛成票投票を交渉し、リンカーン自身は与党内急進派の説得と懐柔に回った。これらの政治的取引や議会状況が、綿密な時代考証とともに再現されている。

当時はガスとランプの時代である。無線機はあったが、電話や自動車はなく、道路も舗装されていない。乗り物は馬車である。この時代状況も丁寧に再現されている。

下院の論議は紛糾に次ぐ紛糾だった。そこで影響を与えたのは、ペンシルバニア代表の共和党急進派タデウス・スティーブンス（トミー・リー・ジョーンズ）である。奴隷制完全廃止論者の彼は優れた演説で、可決への道筋に貢献する。薄氷の勝利に至るまでの議会の論戦、議員名を読みあげながらの賛否確認の進行はサスペンスいっぱいだ。

言葉と演技

この映画は、リンカーンの精神と政治理念の映像化作品である。彼は理想主義者と現実主義者の資質を兼備していた。いつの時代でも政治はきれいごとだけでは成立しないことを教えている。

そこでは言葉が最大の役割を負わせられている。言葉が思想や理念を体現し、自他に向かって放たれる。そのせめぎ合いと攻防には迫力がある。映画では演技がそれを裏打ちしている。リンカーンに関しては、その風貌や仕草、話し方はもとより繊細な内面描写が余すところなく、ダニエル・デイ＝ルイスによって表現されている。彼がこの演技によって、三回目のアカデミー賞主演男優賞を受賞したことも納得される。彼はリンカーンが残した著作を音読することによって、思想と肉声の波長とリズムをキャッチしたようである。

最後に憲法修正一三条一節の文言を紹介しよう。「奴隷制もしくは自発的でない隷属は、アメリカ合衆国内及びその法が及ぶ如何なる場所でも、存在してはならない。ただし正式に有罪とされた犯罪の罰とする場合は除く」。

（二〇一三年六月）

A River Runs Through It

「リバー・ランズ・スルー・イット」信仰および芸術としてのフィッシング

ロバート・レッドフォード監督　一九九二年　アメリカ　一二四分

フライ・フィッシングとは

古き良き時代のアメリカの精神を淡々と描いた作品である。その核になっているのが、フライ・フィッシングという釣りである。フライ・フィッシングはフライといわれる擬餌針を付けた特殊な釣り糸を鞭のように空中に投げ飛ばして、ポイントに流して釣る川釣りの手法である。

フライはそのとき水面を飛んで魚の餌になる虫に似たものを使用する。映画のフライ・フィッシングはフライを水面に浮かべるドライ・フライを使っているので、釣り糸の重みでループを描きながら、フライをポイントに着水させる。遠方に飛ばすにはテクニックを要する。なぜこのフライ・フィッシングが物語の核なのか。

主人公となる兄弟の父、マクリーン牧師は、釣りは神の恩寵《おんちょう》であり、信仰と釣りは一体化したものだと考えている。かつ「フライ・フィッシング以外で魚を釣ることは魚への冒瀆《ぼうとく》だ」と断じている。彼らは何種類もの自家製のフライを携帯し、状況にかなったフライを使う。そうした描写が丁寧につづく。

このフライ・フィッシングは家族、つまり兄と弟および父との信頼や愛情を確認し、回復する絆《きずな》となっている。アメリカの伝統的な家族関係の象徴といえる。こうした自然を媒介にした家族再生の物語は、一九九〇年代アメリカ映画の流れのひとつとなっている。

美しかった弟への鎮魂歌

原作者のノーマン・マクリーンは、シカゴ大学の教授で抒情詩の研究で知られていた。その彼が七〇歳で退職した後、自伝小説の執筆にとりかかる。二年かけて完成した小説は出版社に断られ、シカゴ大学出版局からようやく刊行される。一九七六年のことだ。そしてベストセラーになる。

映画の冒頭で、老人となったノーマンが故郷モンタナ州のビッグ・ブラックフッド・リバーでフライ・フィッシングをしている。そこから少年時代が回想されていく。

写真協力　公益財団法人川喜多記念映画文化財団

一九一二年、モンタナ州ミズーラの町。一〇歳のノーマンと八歳のポール。教会で父の説教を聞き、父からフライ・フィッシングを教わり、兄弟そろって川へ走っていく。ノーマンは牧師かプロボクサーになるのが夢だった。それに対して弟のポールは、プロのフライ・フィッシャーになるのだというが、ノーマンにそんな職業はないといわれて戸惑った表情を浮かべる。

ノーマン（クレイグ・シェーファー）は父に似て繊細で真面目で地味な性格だった。対照的にポール（ブラッド・ピット）は感情豊かで陽気な性格で、周囲を明るくする天性の魅力を備えていた。ポールがいると家族の食卓はにぎやかになるが、彼が去ると火が消えたように沈黙が支配し、皆そそくさと部屋に引き上げてしまう。ポールは女の子にも人気があった。そして何よりもフライ・フィッシングの天才だった。しかし、ポールには自己破滅型の激しさがあった。

家族の間に何かのトラブルがあったり、兄弟の間にわだかまりがあったとき、彼らはビッグ・ブラックフッド・リバーへ向かい、思い思いに自然のリズムのなかで釣り糸を垂れる。そうして無言のうちに許し合い、家族の絆を取り戻す。やがて、ノーマンはシカゴ大学教授の職を得て、モンタナを離れていく。結婚もする。モンタナにこだわり、故郷に残ったポールは、隣町の新聞社の記者となっていたが、酒と賭け事に溺れ、たびたび警察の厄介になったあげく、夭折《ようせつ》する。

この弟の死がノーマンの心に長く尾を引くことになる。深く愛しながらもお互いにどこかですれ違っていた家族と兄弟。四〇年後、ノーマンはその辛《つら》い思い出を小説のなかで反芻《はんすう》する。そして、父が「天才的なフライ・フィッシャーだけではなく、彼は人間として美しかった」といっていた弟のポールを心のそばに呼び戻す。

自然保護を静かに訴える

ノーマン・マクリーンの小説の映画化に熱心だったのは、ロバート・レッドフォードだけでなかった。フライ・フィッシングの達人といわれるウィリアム・ハートもその一人だった。レッドフォードは時間をかけてマクリーンのハリウッドへの不信感を除き、信頼関係を結んでいった。マクリーンはシナリオ第一稿を読んで映画化を承諾した。

この地味な作品は当初、興行的にはまったく期待されていなかった。全米でただの一二館の封切りだったが、瞬く間に評判が広がり、記録的なロングランヒットとなった。アメリカ社会にはこうした哀惜と悔恨のなかに神と自然と人生を呟《つぶや》くように語る映画を広く受け入れる素地があるとあらためて感じる。

リバー・ランズ・スルー・イットのイットは「神がつくった大地」を意味する。川自体が神の恩寵なのである。モンタナはシャイアン族などの故郷でもあったが、彼らもそう信じていたに違いない。

アメリカでも開発などで自然は荒れ、映画に出てくるような美しい渓流などは少なくなっているようである。熱心な自然保護運動家として知られるロバート・レッドフォードがこの作品にこだわった理由の一端がそこにあるかも知れない。映像の美しさも格別である。

（一九九三年一一月）

「セントアンナの奇跡」知られざる黒人部隊と戦争批判

Miracle at St. Anna

スパイク・リー監督　二〇〇八年　アメリカ・イタリア　一六〇分

黒人部隊の存在

ニューヨーク下町の郵便局。定年間近の郵便局員が切手を買いに来た男をカウンター越しに射殺する。一九八三年のことだ。なぜ、ヘクター・ネグロン（ラズ・アロンソ）はそんな事件を起こしたのだろうか。しかも使われた銃は戦前ドイツ製のルーガーだった。さらにヘクターの部屋からは、歴史的価値が高い女神彫像の頭部が発見される。

若い新聞記者が逮捕勾留されたヘクターから、真相を聞き出す形で、画面は第二次世界大戦末期の一九四四年、イタリア・トスカーナ地方にタイムスリップする。当時のトスカーナはアメリカ軍とドイツ軍と地元のパルチザンが入り乱れた市街戦状態にあった。

無線兵のヘクターはプエルトリコ人だったが、黒人だけの部隊、第九二歩兵師団に所属していた。彼らはバッファロー・ソルジャーと呼ばれていた。しかし、上官は白人で人種偏見が激しく、黒人兵の情報をことごとく無視し、彼らを危険にさらしている。

そんな状況下でヘクターと三人の黒人兵は偵察隊となるが、爆撃で死にかけたイタリア人少年アンジェロを保護するうちに、部隊とはぐれ、ある村に入り込む。そこでヘクターたちは意外な体験をする。本国では選挙権もなく、厳しい差別を受けているのに、この村の人たちは黒人に対する偏見がなかった。ヘクターたちは、遠い外国で初めて平等な人間として扱われ、感激する。

裏切りと大虐殺

アンジェロには不思議な能力があった。他人には見えない友を持っているらしい。壊れた無線機をまじないで直し、知らない英語もすぐ理解する。アンジェロの面倒をみたのは、大柄で心の優しいトレイン（オマー・ベンソン・ミラー）だった。彼はフィレンツェで拾った彫像の頭部をお守り代わりに持ち歩いている。アンジェロのおかげでヘクターたちは危機を脱することができたかに見えたが、パルチザンのひとり、ロドルフォの裏切りによって奈落に突き落とされる。

ロドルフォの密告で村に大量のナチス軍が攻め寄せてくる。ヘクターたちは村人を守ろうと闘うが、多勢に無勢で助かったのはヘクターひとりだった。肩を撃ちぬかれたアンジェロは、動けないトレインを助けようとするが、生き延びろと諭され、例の目に見えない友に導かれて逃げていく。

アンジェロは、罪のない五六〇名の女性、子ども、老人が射殺された一九四四年八月一二日のセントアンナの大虐殺のただ一人の生き残りだった。この大虐殺もロドルフォの密告によっていた。アンジェロにだけ見えた友は、このときいっしょに逃げたが、途中でナチスに撃たれた年上の友人だった。

生き残ったヘクターにとって、許すことのできない密告者ロドルフォが四〇年後、偶然、郵便局の窓口に現れたのである。ヘクターは負傷した自分を敢《あ》えて殺さなかった人道的なナチス将校が、自衛用にくれたルーガー銃をロドルフォに向けたのである。

奇跡の再会

映画のメインストーリーは以上の通りだが、最後に細やかな味付けがある。ヘクターが起こした事件を報じた新聞に驚愕《きょうがく》し、直ちに行動を起こしたイタリア人紳士がいた。彼こそ戦火を生き延び、実業界で成功したアンジェロだった。彼は有能な弁護士を雇ってヘクターを救い、高額の保釈金を積んで、ヘクターの自由を回復した。

そして、海岸でヘクターと運命的な再会をする。傍らには、女神彫像の頭部、じつは、ナチスによって破壊されたフィレンツェのサンタ・トリニータ橋の名品、四季彫像のひとつ、プリマヴェーラ（春）を置いて。

この映画の原作は、脚本も担当しているジェームズ・マクブライドの同名小説だが、これは作者が少年時代に叔父から聞いた話がルーツという。叔父は第九二歩兵師団の一員だったのだ。そこから話が紡ぎ出されたが、背景は事実によっている。一般によく知られていなかった黒人部隊に焦点を当てたのも、リー監督の功績といえる。

監督はこの黒人部隊をキング牧師やジョン・F・ケネディ、マルコムXなど、黒人の地位向上に献身し、オバマ大統領まで出現させた進化の一部という歴史認識を示している。同時に生き残ったヘクターが苛《さいな》まれてきた罪悪感（デス・ギルド）は、戦争は残酷なもので、生存者も生涯その苦しみを背負うという普遍的な戦争批判をのぞかせている。

映画のリアリティにもこだわり、実際にアメリカ軍とドイツ軍の戦闘があった土地や大虐殺が行われた場所で撮影している。また、アメリカ兵もドイツ兵も類型的ではなく、現実的、多面的に描かれている。ドイツ軍にも平和主義の兵士や将校がいて、無用の殺戮《さつりく》に反対したことは、ヘクターやアンジェロの生存が証明している。

ディテールで印象に残ったのは、進軍する黒人部隊にスピーカーでドイツ側の若い女性が、アメリカ国内の人種差別を指摘し、戦意をくじこうとするシーンである。ナチスらしい巧妙な宣伝工作のひとつだ。

（二〇〇九年一〇月）

「ヘルプ　心がつなぐストーリー」黒人差別の社会構造

The Help

テイト・テイラー監督・脚本　二〇一一年　アメリカ　一四六分

〝ヘルプ〟とは

一九六〇年代前半のアメリカ南部、ミシシッピー州の町ジャクソンが舞台のドラマである。公民権運動が盛んになりつつあった時代だが、南部では「分離しても平等」の原則で、白人中心、黒人差別の社会構造が健在だった。病院、学校、レストラン、小売店、バスなどが人種別とされ、黒人は、不自由、非合理な差別を強いられていた。

バスなど公共交通機関での差別は違憲という判決が下されていたが、南部では改善されない地域が少なくなかった。差別は黒人だけではなく、白人女性も受けていた。女性の社会進出や「ウーマン・リブ」運動の波はまだ南部には届かず、多くの白人女性は結婚して子どもを産むだけの人生を強いられていた。

さらに彼女たちは、家事や育児を黒人女性に任せ、カード遊びやパーティー、慈善運動に熱中していた。低賃金、長時間労働の黒人女性たちが、〝ヘルプ〟と呼ばれていたのである。ヘルプは自分の子育てを犠牲にして、白人の子どもを育て、しつけをした。夜にヘルプが帰って、翌朝に来るまで、おしめを替えない母親はざらだった。

黒人に批判や反抗は許されず、それが察知されると、白人によるリンチや射殺もあった。ヘルプ仲間の家族が誤って白人トイレを使ってリンチされた事実もある。逆に黒人に同情し、人種差別撤廃等を主張する白人は、白人社会から攻撃、追放されることもあった。

スキーターのチャレンジ

大学を卒業して、ジャクソンに帰郷したスキーター（エマ・ストーン）は、結婚より作家になる夢を抱いていた。彼女は地元の新聞社に出向き、編集長に食い下がって、家事について読者の質問に答える仕事を任せられる。マナー女史のコラムの代筆である。

家事にうといスキーターは友人エリザベスの家のヘルプ、エイビリーン（ヴィオラ・デイヴィス）に頼んで、いろいろと取材する。その効果があって、記事は合格となり、新聞に掲載される。

同時に自分も含めた南部の白人上流社会に疑問を抱き始める。

スキーター自身もヘルプに育てられたが、エリザベスも娘の世話はエイビリーンに任せっきりだ。ヘルプに育てられた子どもも成人すると、差別する側に回り、自分の子育てをヘルプに丸投げする。この救いようのない悪循環に疑問を感じたのである。

ニューヨークの出版社の編集者、スタイン女史は、作家志望のスキーターに、自分が違和感を覚えることを書くようにアドバイスする。そこでスキーターはまず、エイビリーンに協力を依頼し、ヘルプの実態について証言をとろうとする。しかし、エイビリーンにすれば、それはあまりに危険なことで、真実を語れば、波紋を生じ、職を失い、どんな仕打ちを受けるかもわからない。固辞せざるを得ない。

エイビリーンは多くの白人の子どもたちを育てながら、自身は息子を亡くすという不幸に見舞われていた。彼女の支えは、信仰と、スキーターの高校の同級生のリーダー格、ヒリー（ブライス・ダラス・ハワード）の家で働く親友ミニー（オクタヴィア・スペンサー）の存在だった。ある日、教会で牧師の話に耳を傾けていたエイビリーンの心の中で何かが弾け、スキーターの取材に協力しようと決意する。

『ヘルプ』出版の波紋

エイビリーンに続いて協力してくれたのは、ミシシッピー州随一の料理上手といわれているミニーだった。彼女は、嵐の日に家族用トイレを使ったために、ヒリーの怒りを買い、クビになっていた。しかし、白人でありながら貧しい家庭の出身のために白人上流社会から疎外されているシーリア（ジェシカ・チャステイン）の料理指南役をしているうちに意気投合し、雇われることになる。二人の間には立場を超えた友情が芽生えていた。

しかし、スタイン女史は二人の証言だけでは不十分で一三人は必要という。途方に暮れたスキーターだったが、ある事件を契機に多くのヘルプが証言してくれることになる。スキーター自身は自分を育ててくれたヘルプのコンスタンティンが何も告げずに去って行った理由をやっと母から聞き出し、本のエピローグにする。

スキーターによる『ヘルプ』の出版はジャクソンの町を揺るがす事件となる。黒人メイド専用の野外トイレ設置活動に熱心なヒリーは本の中で皮肉られ、激怒する。しかし、ヒリーの母親は『ヘルプ』の読者でよき理解者だ。白人社会も変わりつつあったのである。スキーターの母親もコンスタンティンを追い出したことを心から後悔している。

この作品は公開から三週間で興行収入一億ドルの大ヒットを記録した。新人作家キャスリン・ストケットの処女作と新人監督の奇をてらわない素朴な演出がマッチしたようだ。多くの出版社から断られた原作も、今はロング&ミリオンセラーとなっている。監督とキャスリンはジャクソンで子ども時代を過ごした友人同士という。

ミニーを演じたオクタヴィア・スペンサーは本作でアカデミー賞助演女優賞に輝いている。今日のアメリカ社会に人種差別がなくなったとはいえないが、少なくとも映画の時代の差別は克服されたことがヒットの背景といえよう。

（二〇一二年七月）

「私はあなたのニグロではない」大衆操作のツールとしての黒人問題

I am Not Your Negro

ラウル・ペック監督　二〇一六年　アメリカ・フランス・ベルギー・スイス　九三分

公民権は確立したのか

アメリカで公民権運動が最も盛り上がったのは、一九六三年から一九六四年にかけてである。各地で人種差別反対運動が繰り広げられ、キング牧師が「私には夢がある」の演説をし、ジョン・F・ケネディ大統領暗殺後の一九六四年にようやく公民権法が成立した。この法律によって、人種、民族、宗教、性別に基づく差別は撤廃された。

それから半世紀が過ぎたが、実態はどうだろうか。残念ながら銃暴力の悲劇がいっこうになくならないように、人種差別をめぐる状況も変わっていない。白人警官が黒人に過剰な暴力を働いている事例に事欠くことはない。丸腰で無抵抗の黒人がいかに暴力を振るわれ、いかに多数が殺害されてきたことか。

この映画は、公民権運動における中心的人物および思想家として重要な役割を果たした黒人作家ジェームズ・ボールドウィン（一九二四〜一九八七年）の著作と発言を中心に、ニュース映像や映画のシーン、音楽を交え、公民権運動の本質に迫ったドキュメンタリーである。ボールドウィンの声を再現しているのは、黒人俳優のサミュエル・L・ジャクソンである。

ボールドウィンは一九四八年にアメリカを去った。なぜそうしたのか。パリに着いたとき、所持

「私はあなたのニグロではない」
DVD 好評発売中／3,800円＋税　（本書刊行時の情報）
発売元：マジックアワー、販売元：オデッサ・エンタテインメント

金は四〇ドルしかなかったが、アメリカにいるときより安全だった。アメリカではつねに警戒が必要で、うっかり気を抜けば殺される危険性があった。パリではそんなことはなかった。生命の危険を恐れずに作家活動ができた。一九五三年に処女作を発表した。

　その彼が一九五七年にアメリカに戻ったのは、アメリカ南部の人種差別の実態を確認するためだった。きっかけはパリ中で売られていた新聞に載っていた一枚の写真だった。アーカンソー州リトルロックのセントラル高校で、登校しようとした一五歳の黒人少女ドロシー・カウンツが、大勢にツバを吐かれ、嘲笑されている。怒りと同情を感じたボールドウィンはその日の午後にフランスを発つ決意をした。

つくられた〝ニグロ〟

帰国したボールドウィンは公民権運動家のメドガー・エヴァーズと会い、親交を深めた。対立していたマルコムXの思想と行動も理解した。メドガー・エヴァーズ、マルコムXにつづいて公民権法成立に寄与したマーティン・ルーサー・キングが凶弾に倒れたときは絶望感に襲われた。最重要な公民権運動家三人がたった五年の間に相次いで暗殺された。

暗殺したのは過激な人種差別主義者や宗教団体の信者だった。いずれも三人の指導力と社会的影響力を恐れてのことである。なぜ差別と抑圧がなくならないのか。それはハイチ出身のラウル・ペック監督がこの映画につけたタイトル「私はあなたのニグロではない」の行間に見てとることができる。白人は白人社会を守るために、〝黒人という役割〟を黒人に押しつけてきたのである。

本来同じ人間であり、ともに国をつくり上げてきたはずなのに、白人の利益と純潔を守るために、黒人には数歩引いた位置から動かないようにさまざまな強制措置が構造化されてきた。「アンクル・トムズ・ケビン」（一九二七年）のように、主人には決して歯向かわず、陽気で従順な黒人が白人の理想とされた。その流れは、「手錠のままの脱走」（一九五八年）や「招かれざる客」（一九六七年）、「プレッシャー」（一九七六年）など多くの映画に看取される。

もちろんほとんどの白人は黒人を敵視してはいない。しかし、長年の人種隔離政策で黒人の実態を何も知らない。その無知が差別構造を支えている。ケネディ兄弟も同じだった。ロバート・F・ケネディは、黒人の環境は改善されている、近い将来に黒人の大統領が生まれる可能性もあるといった。しかし、この言葉は、従順にしていれば大統領にしてやるという白人のおごった考えでしかないと黒人に嘲笑された。

なぜこの映画がつくられたか

オバマ大統領の出現で黒人問題は大きな高揚期を迎えたが、オバマはその構造にメスを入れることはできなかった。そこでラウル・ペック監督はエヴァーズ、マルコムX、マーティン・ルーサー・キングの人生を映像にしつつ、的確に真実を語りつづけてきたボールドウィンの思想を確認して、アメリカの黒人問題を再考しようと考えた。

この映画が今日、より重要な意味を持っているのは、差別を公然と主張し、公民権運動を逆行させようとしているトランプ大統領の登場に関わっている。トランプはフェイクニュースを飛ばし、大衆の反応をみる。

無意識的に黒人問題に偏見を抱いている大衆の意識も操作する。トランプの当選はかつて鉄鋼や自動車産業で栄え、今は衰退している「ラストベルト」地帯などの白人心理に働きかけたことが大きいが、それは開かれた社会や公民権運動に逆行するものだった。このように大衆操作のツールとして黒人問題が利用される危険性が、この映画の重要性をクローズアップしている。（二〇一八年一〇月）

Revolutionary Road

「レボリューショナリー・ロード　燃え尽きるまで」　アメリカ人の見果てぬ夢

サム・メンデス監督　二〇〇八年　アメリカ　一一九分

封印された夢

時代は一九五五年、舞台はアメリカ、コネチカット州の閑静な郊外住宅地。ひときわ立派な家が続くレボリューショナリー・ロード（革命通り）に住む三〇歳と二九歳の夫婦、ビジネスマンの夫フランク（レオナルド・ディカプリオ）と美しい妻エイプリル（ケイト・ウィンスレット）、そして六歳と四歳の子ども。幸せを絵に描いたような一家だ。

フランクは毎日、車で近くの駅まで行き、そこから列車でニューヨークの事務機器メーカーに通勤している。エイプリルは家事、育児のかたわら、地元住民と劇団を立ち上げ、最初の公演が迫っている。舞台女優になるのが若いときの夢だったが、妊娠を機に諦め、復員軍人のフランクも自分探しの不安定な生活をやめて会社員になった。

しかし、公演は失敗する。夫婦は一時、険悪な雰囲気になる。落ち込んだエイプリルは、突然、パリに移住する計画を持ち出す。フランスで終戦を迎え、ヨーロッパ各地を旅したフランクが、パリにこそ本当の生活がある、といっていたのを思い出したのだ。

会社で適当に仕事をこなしながら、ときに浮気もしていたフランクは、ふとしたことで出世の糸口をつかみかけていたので、当初、及び腰だったが、エイプリルの熱意にほだされるように、昔の

「レボリューショナリー・ロード　燃え尽きるまで　スペシャル・コレクターズ・エディション」

DVD 好評発売中／ 1,429円＋税、Blu-ray 好評発売中／ 2,381円＋税

発売・販売元：NBC ユニバーサル・エンターテイメント　（本書刊行時の情報）

夢を追う気分になっていく。そして、友達と別れるのがいやだという子どもたちを説得、会社にも近所にも公表し、家の売却も決まり、出発の日が近づく。

迷走する幸せ探し

夫婦のパリ移住計画に対して、夫の職場の同僚も隣家の夫婦も反対はしない。上司は一応慰留するが、本人の意志が固いのでどうしようもない。パリではエイプリルが働いて、フランクに自由な生活を送らせるという。何の根拠もない楽観的な生活設計だ。誰もが夫婦の計画に危なっかしさを感じている

が、熱病にとりつかれたようになっている夫婦に本当のことはいえない。

ただ、家を周旋した不動産屋のヘレン（キャシー・ベイツ）の息子で精神科の治療を受けている元数学教師のジョン（マイケル・シャノン）だけが、遠慮なく、誰も触れない夫婦の自己欺瞞《ぎまん》を暴き、疑問を投げかける。フランクは自分でも向き合うことを避けている計画の本質を衝《つ》かれ、同時にプライドを傷つけられて、荒れ狂う。

終始、移住計画をリードしていたエイプリルも体調が変化する。第三子を妊娠したようなのだ。最初の子どもで女優の夢を諦めた彼女は、パリ移住の夢もまた妨げられるというストレスでパニックになる。激しい口論が続き、夫婦間にも亀裂が入り、フランクも出産を望まないといってしまう。

アメリカン・ドリームとは

一九五〇年代のアメリカは高度成長期で、アメリカン・ドリームが求められ始めた時代だった。一戸建て郊外住宅生活がその実現のように見えたが、フランクとエイプリルの胸の奥には、封印したはずの夢がくすぶり出していた。結婚生活八年目の単調な日常生活からの脱出願望が次第に大きくなっていく。パリ移住はその手がかりに過ぎなかった。

ここにはアメリカ人特有の果てしない「青い鳥」探しが重なっている。ようやく獲得したかに見えた幸せもじきに陳腐化し、新たな幸せ探しが始まる。どこに本当の居場所があるのか。それが定まらない限り、喜ぶべき妊娠も障害にしか見えなくなる。フランクはエイプリルの心を読めず、夫婦の気持ちはすれ違い、エイプリルは暴走する。二人とも大人になれないアダルト・チルドレンなのだ。

原作は一九六一年に発表されたリチャード・イエーツの最初の小説。彼の経験がフランクに投影されている。夫婦を演じている二人は、「タイタニック」以来の共演で、息の合った緊密な演技を見せている。監督はケイト・ウィンスレットの夫で「アメリカン・ビューティ」で知られるサム・メンデス。舞台劇のような緊迫感が画面にあふれている。

当時の家庭や会社の描写も興味深い。大型のアメリカ車にキッチン。会社の旧式のタイプライター、電話は取り次ぎ式で、男も女もよくタバコを吸う。ランチではカクテルを飲み、女性に甘い言葉をささやく。酒場はロックンロールにダンス。列車から吐き出され、会社に吸い込まれて行くサラリーマンたちの出勤風景。半世紀前の家庭生活、社会風俗は懐かしい匂いを漂わすが、人間の心理と行動はあまり変わらないことを教える。

サブタイトルの意味合いだが、これは夫と妻の覚悟の深浅を表わしている。夫は思慮浅く、妻の心に寄り添えなかったのだ。

（二〇〇九年四月）

「ミッドナイト・イン・パリ」 パリはアメリカ人の理想郷か

Midnight in Paris

ウディ・アレン監督・脚本　二〇一一年　スペイン・アメリカ　九四分

アメリカ人にとってパリとは

アメリカの知識人にとって、ヨーロッパは単にノスタルジアや憧憬の対象にとどまらず、精神と知性の規範でもあるように思える。単純化すれば、時代はローマ時代、代表的都市としてはローマ、ロンドン、パリがあげられる。この映画の場合はパリである。

二〇一〇年の夏、ハリウッドの売れっ子脚本家ギル（オーウェン・ウィルソン）が、婚約者イネズ（レイチェル・マクアダムス）の父親の出張旅行に便乗して、パリにやってくる。彼は成功はしたが、ワンパターンの脚本執筆とマンネリ化した生活に飽き足らず、パリに住んで本格的な作家に生まれ変わりたいと思っている。

しかし、買い物と観光が目的の現実派のイネズの理解は得られず、ギルはひとり浮いた存在になってしまう。ワインの試飲会のあと、男友達とダンスに行くイネズと別れ、ギルは真夜中のパリをぶらつき、道に迷う。時計台が一二時の鐘を鳴らしたとき、旧式のプジョーが走ってきて、ほろ酔いの紳士に同乗するよう誘われる。

クルマが着いたところは、古めかしい社交クラブだった。大勢の紳士淑女の中にアメリカ人の作家夫妻がいた。スコット&ゼルダ・フィッツジェラルドで戦前アメリカの著名な作家夫妻と同一名なのにギルは驚く。不思議なことはそれだけではなかった。ピアノを弾いている男は、「ビギン・ザ・ビギン」を作曲したコール・ポーターで、パーティーの主催者はジャン・コクトーだったのだ。別のバーでは敬愛するヘミングウェイまで紹介される。

パリの黄金時代へタイムスリップ

ギルは自分が一九二〇年代のパリへタイムスリップしたらしいことを悟る。あらゆるアーティストにとって理想のゴールデンエイジと信じて疑わない時代の一員になったことに戸惑いながら、興奮のるつぼだ。もちろん、イネズに言っても信じられず、翌晩もギルは同じ場所でプジョーを待つ。

パリでサルコジ仏大統領夫人（当時）のカーラ・ブルーニさん（右）が登場するシーンを撮影するウディ・アレン監督。カーラさんは美術館の館長を演じた（AFP＝時事）

　今度はヘミングウェイに連れられて、ガートルード・スタイン女史（キャシー・ベイツ）のサロンを訪問する。彼女はアメリカの作家だが、パリに定住、ピカソやマティス、セザンヌらを庇護《ひご》し、ヘミングウェイに文章指導したことで有名だ。ギルは自分が書いた古き良き日のパリをテーマにした長編小説を彼女に読んでくれるように頼む。

ギルはピカソの愛人アドリアナ（マリオン・コティヤール）に心を奪われる。次の夜、遊園地のパーティー会場で再会したアドリアナと、真夜中のパリを散歩し、盛り上がる。五度目のタイムスリップの夜、キリマンジャロから帰ってきたアドリアナと馬車に乗り込む。行き着いた先は、ベル・エポック当時の伝説のレストラン、マキシムだった。今度は一八九〇年代にタイムスリップしたのだ。そこには、ロートレックやドガ、ゴーギャンもいた。

一九二〇年代の同時代人であるアドリアナは、世紀末のベル・エポックにこのままとどまりたいという。ベル・エポックの同時代人であるロートレック、ドガ、ゴーギャンたちはルネサンス期こそ素晴らしいという。

アメリカ人の自分探し

一九二〇年代のパリこそが理想だったギルは、多少混乱するが、個々人が心に抱く黄金時代はつねに現実から離れた過去にある相対的なものと知る。こうして彼は夢のようなタイムスリップの経験を経て、自らの現実を見つめ直す心境に至る。

このパリを舞台にしたファンタジック・コメディは、ゴールデン・グローブ賞とアカデミー賞最優秀脚本賞を受賞している。ウディ・アレンはほとんどの作品の脚本を自ら書いているが、そのうちアカデミー賞には一五回ノミネートされ、三回受賞している。今回の脚本には、理想化されたパリを舞台にしてファンタジーとマジックとフィクションが精妙に織り込まれている印象がある。

最初、パリの名所が絵葉書のように画面を流れていく。エッフェル塔や凱旋門、シャンゼリゼ、コンコルド広場、オペラ座、セーヌ川、ヴェルサイユ宮殿などなど。さまざまな映画に登場したショットのスライドショーでもある。パリという世界にも美しい都市が主役なのである。アメリカ人の視点といいかえてもいい。

ロダン美術館のガイド役を演じているのは、サルコジ前大統領夫人のカーラ・ブルーニである。彼女はミュージシャンでもあり、アレンが冗談で出演をオファーしたのが実現したのだ。脚本の手慣れた仕上げとともに、こうした遊びと余裕があるのがアレンらしいところだ。ヘミングウェイやピカソ、ダリなど、有名人に似ていて演技もしっかりした俳優を配しているのもそうである。

（二〇一二年九月）

第2章　根深い社会問題

Crash

「クラッシュ」

人種カオス都市・ロサンゼルスの病理

ポール・ハギス監督　二〇〇五年　アメリカ　一一二分

クラッシュとは

第七八回アカデミー賞の本命は、男性同性愛を描いた「ブロークバック・マウンテン」とみられていたが、「クラッシュ」が逆転で作品賞を受賞した。逆転といっても、この作品が素晴らしいことは間違いないことで、ロサンゼルス（以下、ロス）という人種が混交した大都市でのさまざまなクラッシュ（衝突）を通して、アメリカ都市社会の厳しい現実があぶり出されている。

しかも、それが一過的な出来事としてではなく、普遍的な人間の意識、心理、行動が凝縮、描写されており、観客は多彩な登場人物のだれかに自分の分身を発見して、同調したり、反発したりするのである。

ところで、クラッシュとは何を意味しているのか。クラッシュは、衝突、崩壊、破壊、破綻《はたん》、墜落、不時着、急襲、暴落、暴走、故障、大音響など、さまざまな意味があるが、映画はクルマの衝突事故で始まり、同じ衝突事故で終わっている。日常茶飯事の交通事故を典型的かつ象徴的なクラッシュとして映画の前面に出している。

だが、それは本質的なクラッシュの引き出し役に過ぎない。住み分けやクルマによる移動で、摩擦を避けて生活している人々が、衝突事故で対面し、ときには対決せざるを得なくなると、緊迫し

「クラッシュ」
Blu-ray 好評発売中／2,800円＋税
発売・販売元：東宝
（本書刊行時の情報）

た逃げ場のないクラッシュへと導かれてしまうのである。

人種と階級と偏見

この映画に特定の主人公はいない。夫婦や家族や同僚や遊び仲間といった十数人の登場人物が別々に行動しながら、すれ違い、関係を持つアンサンブル・ドラマである。

ペルシャ人の雑貨店経営者ファハド（ショーン・トーブ）は、ダウンタウンの銃砲店でイラク人に間違われ、不快感に襲われながらも、護身用の拳銃を買う。盗みの常習犯の黒人の若者アンソニーとピーターは、裕福な白人居住区で不審と不安の視線を浴びたことで、衝動的にカージャックする。

カージャックされたのは、地方検事のリック（ブレンダン・フレイザー）と妻のジーン（サンドラ・ブロック）だ。二人は鍵もいっしょに盗まれたので、鍵屋のダニエル（マイケル・ペニャ）に家のすべての鍵を取り換えてもらう。情緒不安定になっているジーンは、ヒスパニック系でスキンヘッドのダニエルに向かって人種差別発言をする。

その頃、極端な人種差別主義者の白人警官ライアン（マッド・ディロン）は、黒人の裕福な夫婦、TVディレクターのキャメロン（テレンス・ハワード）と妻のクリスティン（サンディ・ニュートン）を特別の理由もなく、カージャックの犯人扱いにし、クリスティンに性的屈辱感を与える。これが原因で夫婦間には癒《いや》しがたい亀裂が入る。

ダニエルはファハドに頼まれて裏口の錠の修理をするが、安全のため、鍵だけでなく、ドアも取り替えるように忠告する。しかしファハドは信用せず、放置する。そして、強盗に入られて破産し、逆恨みして銃を持ってダニエルの家に抗議に行く。ダニエルに銃を発射する瞬間、幼い娘がダニエルに飛びつく。

ピーターの兄グラハム（ドン・チードル）はロス市警の警部だ。ドラッグ中毒の母親と行方不明の弟を抱え、悩みが絶えない。このほかの登場人物を含め、すべての人物が完全な善人でも完全な悪人でもない。ライアンも家では、病気療養中の父親の面倒をみているし、炎上するクルマからドライバーを必死で救出したりする。つまり、普通の人々が描かれているのだが、その関係性が絶妙なドラマを紡ぎ出しているのである。

ロサンゼルスの特殊性

この映画は「ミリオンダラー・ベイビー」で脚本家デビューしたポール・ハギスの監督デビュー作である。脚本は、カージャックをはじめ、監督の個人的な経験と観察から書かれている。彼はカージャックした男たちの視点から脚本を書いたという。ロスで長く暮らして、人種問題がどれほど複雑で根の深いものであるかを知っている。

しかし、この映画のテーマは人種や階級ではなく、見知らぬ人間への恐怖、不寛容と思いやり、選択したことへの責任と代償についてであるという。ここにはロスの特殊性も与《あずか》っている。ニューヨークやロンドンはロスに比べて狭いので、偏見や差別が身近に起きていて、人々は相互理解の努力を迫られる。

一方のロスは広く、クルマ社会で、それぞれの人種コミュニティの中だけで生活できる。極端な状況に追い込まれない限り、相互理解を迫られない。映画ではクラッシュがその引き金になっている。この映画はロスの現実そのものだ。しかし、映画はラストに救いと希望を用意している。

（二〇〇六年六月）

「白いカラス」アメリカ社会に潜む差別の深層

The Human Stain

ロバート・ベントン監督　二〇〇三年　アメリカ　一〇八分

黒人から白人への〝転換〟

現代アメリカを代表する作家フィリップ・ロスの話題作を、「クレイマー、クレイマー」「プレイス・イン・ザ・ハート」のロバート・ベントン監督が映画化した。アメリカ社会における人種差別の深層に迫った作品である。原題はThe Human Stainで、人間のしみ、けがれを意味する。

小説が発表されたのは、二〇〇〇年だが、作者がアイディアを得たのは一九五〇年代半ばの大学院生時代だった。黒人のガールフレンドの母親から、黒人が白人になるPassing（転換）の事実を聞いたときだ。黒人の中には外見上、白人と見分けがつかない人がいて、黒人社会を捨て、白人社会に移り住んで成功することもあるというのだ。

当時は公民権運動が本格化しつつあった人種差別の激しかった時代で、黒人として生きるより白人として生きる方が今日よりもはるかに有利だった。しかし、家族や友人やコミュニティを捨てて、白人社会に移り住むのも筆舌に尽くせない苦悩や孤独や不安を伴ったに違いない。それから半世紀を経て、テーマが熟成し、作品が提示された。

マイケル・ジャクソンの〝転換〟はショービジネスの世界の寓話として周知されているが、今でも著名な批評家が葬儀の場で初めてアフリカ系であることが明らかになった出来事が報じられたり、アメリカ社会の底流にはその種の問題が見え隠れしている。

その批評家の場合、知っていたのは白人の妻だけで、二人の子どもは家の中に漠然とした秘密のにおいを感じて育ったという。子どもにとっては、アイデンティティに関わる問題であり、父に同情しつつも、事実を知って安心したようだ。〝転換〟は本人だけの問題にとどまらず、周辺に波紋を広げる。差別のない社会が実現するまで、こうした問題がなくなることはないだろう。

コールマンの場合

一九九八年、アメリカ・マサチューセッツ州の名門アテナ大学。大統領のセックススキャンダルが話題をさらっていた頃だ。学部長でユダヤ人として初めて古典教授にのぼりつめたコールマン・シルク教授（アンソニー・ホプキンス）は、政治手腕、行政能力にも長《た》け、大学を三流大学から一流大学にレベルアップさせた功労者でもあった。

その彼が、授業中に発したひとことが黒人差別発言と咎《とが》められ、大学を追われる。彼に反発する教授たちの策謀もあった。妻はショック死し、コールマンは怒りを抑え切れない。そして、湖畔で隠遁《いんとん》生活を送っている作家のネイサン・ザッカーマン（ゲイリー・シニーズ）に自分のことを本にしてくれと依頼する。

しかし、実はコールマンは、黒人から白人に転換した人物だった。若い日々が回想される。厳格で教養があった父だが、黒人であるがゆえに、単純労働にしか就けず、白人に奉仕して人生を終えた。彼自身は学業とボクシングに非凡な才能を示しながらも、出口のないエネルギーをもてあましていた。

一九四八年のことだ。図書館で出会った白人女性と恋に落ち、結婚を誓い合ったが、彼女を母親に紹介したとき、彼女は去っていく。彼女も人種の壁を乗り越えられなかったのだ。そのときからコールマンは、黒人であることを隠し、白人として生きることを決心する。それは母や兄妹との絶縁を意味していた。なおかつ、彼は黒人とは別の差別を受けているユダヤ人になりすました。

秘密は生涯、守り通すつもりでいた。しかし、大学の清掃員で孤独な影がある三四歳のフォーニア（ニコール・キッドマン）に会い、〝最後の恋〟に落ちてから、コールマンの心境は変化する。フォーニアは継父に性的虐待を受け、ベトナム帰還兵の夫に暴力を振るわれ、子どもを焼死させるという不幸と不遇の人生を送ってきた女性だった。

孤独と絶望から愛を確認したふたりは、次第に心を許し合い、コールマンは五〇年間の秘密を打ち明けようとする。人生の終局にほんとうの自分を取り戻そうとしたのだ。

差別と孤独の深層

差別と孤独はどんな社会にもある。原作者のフィリップ・ロス自身、ユダヤ系アメリカ人で、映画の中の作家ネイサン・ザッカーマンに投影されている。コールマンはユダヤ系という微妙な隠れ蓑を付けて、白人になりすましたのである。そこには差別の多重構造が看取される。彼は差別を逆用し、誇りと家族を捨てて、孤独を選んだのである。

原作には多様なテーマが盛り込まれ、映画ではもっとテーマを収斂《しゅうれん》させるべきと指摘もされた。しかし、名優アンソニー・ホプキンスと、当時、最も輝いていたニコール・キッドマンによって映画は完成度の高いものに仕上がっている。邦題は、黒人社会にも白人社会にも溶け込めなかったコールマンの精神の漂流をうまく言い当てている。

（二〇〇四年九月）

Detroit

「デトロイト」五〇年前の大暴動を掘り起こす

キャスリン・ビグロー監督　二〇一七年　アメリカ　一四二分

今から約五〇年前、アメリカ中西部ミシガン州の大都市デトロイトで起きた大規模な暴動の真相に迫った映画である。一九六七年七月二三日、黒人ベトナム帰還兵を祝うパーティーが開かれていた酒場に警察が押し入る。無許可営業の取り締まりだったが、その強引な手法に反発した地元住民との間に小競り合いが生じる。

事態はエスカレートし、一部住民が暴徒化して略奪や放火が始まり、市警では収拾できないと判断したミシガン州当局は州警察と軍隊を投入する。大勢の兵士と戦車が街に集結し、戦場のような様相を呈する。

三日目の二五日、中心部のフォックス劇場でコンサートを始めようとしていた地元の黒人ボーカル・グループ「ドラマティクス」は、公演中止を命じられる。まだ一〇代のリード・シンガー、ラリー（アルジー・スミス）と仲間たちは市内のアルジェ・モーテルにチェックインする。モーテルは若い黒人客で賑わっていた。

モーテルの周辺は比較的平穏だったが、深夜に一七歳の黒人少年カール・クーパーがとった軽率な行動で静寂が破られる。クーパーが暴徒鎮圧に来ていた州兵に向かって陸上競技用のスタート・ピストルを撃ったのだ。警察はそれを狙撃者による発砲と誤認し、モーテルに突入してくる。

慌てて逃げようとしたカールは、デトロイト市警の白人警官クラウス（ウィル・ポールター）に背後から撃たれて死亡する。モーテルにいた若者たちは廊下に整列させられ、狙撃犯を割り出すための強制的な尋問が始まる。人種差別主義者のクラウスの尋問は執拗で、拳銃で威嚇《いかく》する非人道的なものだった。人権侵害になりかねないクラウスたちの行動に、州警察は関与を恐れて立ち去ってしまう。ブレーキ役になったのは、民間警備員の黒人ディスミュークス（ジョン・ボイエガ）だけだった。しかし、彼も極度の興奮状態にあるクラウスたちを抑えることはできない。

　モーテルのどこからも銃は見つからない。クラウスは引きどころを失い、犠牲者が増えていく。クラウスは死者のそばにナイフを置

「デトロイト」
Blu-ray 好評発売中／初回限定版5,800円＋税、通常版4,800円＋税
DVD 好評発売中／3,800円＋税
発売・販売元：バップ
（本書刊行時の情報）

くなどの偽装工作をして逃げていく。ラリーはケガを負いながら脱走し、善意の警官に保護されて九死に一生を得る。

暴動の社会的背景

暴動による死者は四三人、負傷者一一〇〇人以上、逮捕者は約七〇〇〇人を数えた。裁判が始まるが、クラウスたちは無罪となる。デトロイトはかつて自動車産業で栄えたが、第一次大戦後は、移民が途絶えたため、南部出身の黒人労働力に頼ってきた。しかし、人種差別が激しく、黒人の居住地域は制限され、第二次大戦後は白人が郊外に移住し、中心部は黒人ゲットーの様相を濃くした。

一九六七年の暴動で中心となったのは、この黒人ゲットーだった。市民の四割は黒人だったが、市警の九五パーセントは白人で、容赦ない取り締まりが行われた。裁判でも証言は警官だけのもので、陪審員も白人のみだったから、無罪判決は予定通りだった。

こうして未曽有のデトロイト暴動は真相を明らかにされないまま、歴史の闇に沈んだのである。白人警官による黒人虐待・殺害は後を絶たないが、最近は監視カメラやスマホなどで撮影されることが多く、闇に葬られることは少ない。映画「フルートベール駅で」（ライアン・クーグラー監督、二〇一三年アメリカ）は、丸腰の黒人青年が白人警官に射殺された二〇〇九年の「フルートベール事件」を目撃者による撮影や証言をもとに再現した映画である。警官も有罪判決を受けている。

掘り起こされた真相

ビグロー監督は類似の事件が続き、状況が変わっていないことを痛感し、デトロイトの事件を映画にしようと考えた。脚本を担当したマーク・ボールはチームをつくり、事件に関係した住民、警官、軍人など多くの人々にインタビューし、別のリサーチチームは新聞、ラジオ、テレビの記事、裁判記録、ＦＢＩや司法省の調査資料、社会学の研究レポート、市警やミシガン大学の非公開資料など、ありとあらゆる資料を調べ上げた。

沈黙を守っていた生存者、ラリーの証言記録はとくに重要で、それが映画のストーリーの柱となった。彼は事件後、シンガーになるという人生の目標を変え、聖歌隊指揮者になって教会で歌い続けてきた。映画の製作者たちと話すうちに、失った友人のためにも自分が前に進むためにも、事件について語る必要があると考えた。

もう一人の生存者、ディスミュークスは事件後も警備員として働いたが、引退後はデトロイトを離れた。精神的ショックは長引き、人に話すことはなかった。事実に基づいたこの映画によって、彼が置かれた立場がようやく日の目を見、何が起こったのかが明らかにされたと言っている。

監督にとって、映画は社会的活動のひとつで、心に留めているテーマについて社会に届ける手段であるという。何のために映画をつくるのかに答えるキーワードといえよう。（二〇一八年四月）

Green Book

「グリーンブック」

南部を演奏旅行した黒人ピアニスト

ピーター・ファレリー監督　二〇一八年　アメリカ　一三〇分

グリーンブックとはアメリカで人種差別が激しかった頃、黒人が利用可能なホテルやレストランなどの施設を記した旅行ガイドブックである。南部はとくに差別が厳しかったので黒人旅行者には重宝された。一九三六年から一九六六年まで毎年出版された。著者ヴィクター・H・グリーンはニューヨーク生まれの黒人で、自分の名をとってグリーンブックと題し、毎年改訂版を出した。平均で一万五〇〇〇部売れたといわれる。緑色の表紙だった。

当時南部各州は州法で公立学校、公衆トイレ、バス、レストラン、ホテルなどすべてを白人用と黒人用に分けていたが、一九六四年に公民権法が成立し、それらの差別政策は憲法違反とされ、グリーンブックは一九六六年でその役割を終えた。

映画では一九六二年に天才黒人ピアニストのドクター・シャーリー（マハーシャラ・アリ）が白人の運転手兼用心棒のトニー・リップ（ヴィゴ・モーテンセン）と、南部都市を演奏旅行する。トニーはグリーンブックを頼りにホテルやドライブインを確保し、さまざまなトラブルに対処する。グリーンブックがなければ黒人は宿泊も食事も困難な時代で、黒人は夜間外出禁止の町もあった。

ドクター・シャーリーとトニー・リップは実在の人物で、二か月間に及んだ旅行を契機に生涯にわたって親交を続けた。プロデューサーのニック・バレロンガがトニー・リップの息子で、二人の

「グリーンブック」
DVD好評発売中／3,800円＋税　　発売・販売元：ギャガ　（本書刊行時の情報）

関係をよく知っており、いつか映画化したいと考えていた。ニックが二人にインタビューした記録や、トニーが妻に宛てた手紙など多数の資料をもとに共同脚本に参加している。

シャーリーとトニー

トニーはニューヨークの有名ナイトクラブ、コパカバーナの用心棒を務めていた。店が改装で二か月間閉店することになり、別の仕事を探していたトニーに、運転手募集の知らせが届く。依頼者はドクターだったので、医者かと思ったが、カーネギーホールの上層階の高級マンションに住む黒人ピアニストのシャーリーだった。天才的なピアニスト、作曲家、編曲家でありながら、複数の博士号を持ち、複数の言語を話すエリートでもあった。他方のトニーは、武骨で無学だが、世間知にたけ、腕っぷしも強く、どんなピンチも切り抜ける才覚と行動力があった。彼は、黒人に偏見があったので断りかけたが、報酬がいいので引き受けた経緯がある。

シャーリーは裕福な白人のためにピアノを弾く日々を過ごしてきた。ホワイトハウスで演奏したこともあった。黒人がクラシックの世界で成功することは難しかったために、クラシックとジャズを融合させた独自のジャンルを切り開いた。ピアノとチェロとコントラバスのトリオを編成し、ピアノはスタインウェイでしか演奏しなかった。シャーリーはカーネギー・アーティスト・スタジオの専属作曲家でもあり、貴族のような生活をしていたが、そこを自分の居場所と感じていたわけではなかった。敢《あ》えて南部を演奏旅行しようと思ったのは、本当の居場所を探すためでもあった。

ユニークなロードムービー

ディープサウスの旅は生やさしいものではなかった。シャーリーが演奏会場のレストランやトイレの利用を拒否されたり、ミシシッピーでは黒人の夜間外出禁止にトニーが抵抗して逮捕されてしまう。このときはシャーリーがロバート・ケネディ司法長官に電話して釈放させたエピソードも紹介される。

トニーは最初の演奏会でシャーリーのピアノを聴いて仰天し、シャーリーの天才ぶりを知る。その後は体を張ってシャーリーを守り、コンサートを支える。しかし、食事や宿泊は黒人用のレストランや安ホテルしか利用できなかった。チェロとコントラバスの奏者は白人なので、別行動をとり、会場で落ち合う段取りである。

当時はナット・キング・コールでさえ、故郷アラバマの公演でステージから引きずりおろされ、リンチされかかったくらいだった。シャーリーも白人のバーに入って袋叩きにされたが、もちろん急場を救ったのはトニーだ。こうした経験を経て、ふたりの絆《きずな》は強まり、深い信頼関係で結ばれていく。シャーリーにとっては、南部だけでなく、ほとんど初めて一般庶民の文化や慣習を知る機会となった。フライドチキンも食べたことがなかったのである。一方のトニーはシャーリーの知性や教養に触れて世界の広さを知る。トニーは妻のドロレス（リンダ・カーデリーニ）によく手紙を書くが、あまりに平凡なので、シャーリーが書き方を指南する。その通りに書いた手紙を受け取ったドロレスは大喜びするが、実はシャーリーが教えたと見抜いている。

涙とユーモアとともに、当時の空気がよく伝わってくる。演奏シーンも素晴らしい。シャーリーのピアノは、同じようなキャリアの黒人ピアニスト、クリス・パワーズが演奏している。安酒場で封印していたショパンの「木枯らしのエチュード」を弾くシーンは圧巻だ。この作品が第九一回アカデミー賞作品賞を受賞したのは、嬉しいニュースだった。

（二〇一九年四月）

The Bridge

「ブリッジ」 自殺の「名所」を検証する

エリック・スティール監督・製作　二〇〇六年　アメリカ　九三分

一年間のドキュメンタリー

どこの国にも自殺の「名所」といわれるところがある。衝動的な鉄道自殺などを別にすると、自殺の「名所」といわれる場所には風光明媚《ふうこうめいび》な観光地、景勝地も多い。誰でも近づけるし、そのような場所として有名になると、多くの自殺志願者を誘引する。

この映画は、アメリカで最も有名な自殺の「名所」、サンフランシスコのゴールデンゲートブリッジ（金門橋、以下、ブリッジ）のたもとにカメラを構え、飛び降り自殺をする人々を一年間にわたって撮り続け、遺族や友人、生存者へのインタビューを加えたドキュメンタリー作品である。

世界的に美しい橋の代表として知られるブリッジは、開通が一九三七年、全長二七九〇メートル、高さ二二〇メートル、海面までの距離六六メートル。年間九〇〇万人もの観光客が訪れる。しかし、自殺の「名所」としての一面も持っており、開通以来、二週間に一人、合計約一三〇〇人もが投身自殺している。これは世界最多、世界最大の自殺の「名所」を意味している。

映像メディアのインパクト

監督がこの作品を制作しようとした動機は明快だ。二〇〇三年一〇月の『ニューヨーカー』誌に

ゴールデンゲートブリッジ（著者撮影）

タッド・フレンドというライターが「Jumper（飛び降りる人）」を書いた。記事はブリッジの多面的な検証で、自殺者たちの心理、自殺の「名所」として注目を呼ぶ社会現象や自殺防止柵設置の必要性などが論じられていた。

この記事に触発された監督はその後の市管理局の対応に注意を払っていたが、防止柵設置は先送りされ、事態の改善が見られなかった。そこで監督は、一年間自殺をする人々を映像に収め、家族や友人に取材して、ドキュメンタリー作品をつくり、活字メディアよりもインパクトのある映像メディアで社会と管理局に訴えようとしたのである。

効果は抜群で、そうした映像があると伝えただけで、管理局の態度は一変し、遺族や精神科医、自殺抑止の専門家との会合を開き、本格的な対応に着手した。これまで管理局も手をこまねいていたわけではなく、一〇年前から監視カメラや自転車でのパトロール、電話のホットラインなどの防止策をとってはいたが、自殺者は減らなかった。

マスコミがこぞって本作品を取り上げ、トライベッカ映画祭やサンフランシスコ国際映画祭で上映が決まると、総費用二五〇〇万ドルとされる自殺防止柵設置も計画化するに至った。映像媒体は寿命も長く、劇場、ＤＶＤ、ケーブルＴＶなどで繰り返し再現されるので、社会的な影響力が大きいのである。

しかし、いずれにしても自殺のシーンはショッキングな映像である。事実、カメラを構えて映像を撮るより、救出が先とする批判や、あまりに刺激的であるとの理由で映画祭でのボイコットもあった。

自殺を減らすために

映画では六人の自殺志望者の映像をとらえ、遺族や友人にインタビューしている。たとえば、三四歳の男性は一〇代の頃から自殺願望を持っていたが、親身に彼の悩みを共にしてきた友人は彼の自殺を理解できず、怒りを顕わにしている。統合失調症だった女性は四四歳で自殺した。その兄は、自殺ではなく、足を滑らしたと信じ、母と妹は自殺の事実を受け入れられない。

二度の自殺未遂を起こした二二歳の男性の場合、両親は息子の病気を治そうと努力し、父親は対話を重ねたが、自殺を止められなかった。五〇歳の男性は活動的で遊び好きだったが、失業し、人生を失敗と感じ、アルコール依存症になった。同居していた友人は彼の力になれなかったことを悔いている。

自殺を試みて助かった二五歳の男性は、自殺願望を持ち、遺書も書いていた。両親は彼を愛し、あらゆる手を尽くしていた。彼は橋の上で四〇分間も泣いていたが、誰も声をかけてくれなかった。飛び降りた瞬間、助かりたいと思い、体勢を変えて足先から着水したので大ケガをしたが、一命を取り留めた。

美しいブリッジには毎日大勢の観光客が訪れる。その日常的な風景の中で飛び降りる人がいる。しかし、事前に判断することは難しい。撮影スタッフは誰かが柵に足をかけたら管理局に電話するルールを決めていて、六人の命を救っている。他の観光客が説得して防止することもあった。

アメリカでは年間三万五〇〇〇人が自殺している。人口がアメリカのほぼ半分の日本は約三万二〇〇〇人で、人口当たりではアメリカの二倍の高水準にある。最近は個人的問題以外に社会的要因の比重が増している。自殺者が少なくなる社会をどう構築するかは各国共通の課題である。

（二〇〇七年九月）

Moonlight

「ムーンライト」 アメリカ社会の空気感を伝える

バリー・ジェンキンス監督　二〇一六年　アメリカ　一一一分

アイデンティティを模索

第八九回アカデミー賞の本命は、最多一三部門にノミネートされた「ラ・ラ・ランド」とみられていた。一九五〇年代の全盛期ハリウッドを模した華やかなミュージカル作品である。しかし、作品賞を受賞したのは、「ラ・ラ・ランド」とは対照的に地味な「ムーンライト」だった。

「ムーンライト」は居場所とアイデンティティを探し求める黒人シャロンの一〇歳、一六歳、三〇代の三つの時代を描いた作品である。マイアミの危険で荒れた公営住宅地域、小学生シャロンは毎日のようにいじめにあっている。母親ポーラ（ナオミ・ハリス）は麻薬中毒でほとんど育児放棄状態だ。シャロンはある日、麻薬ディーラーのファアン（マハーシャラ・アリ）に助けられ、彼を父親のように感じ始める。海で泳ぎを教えてもらう。ファアンの恋人テレサも、無償の愛を注いでくれる。居場所に近いものが見つかる。

高校生になってもシャロンはいじめられているが、それはシャロンが性的マイノリティであることにも関係している。シャロン自身、明確に意識しているわけではないが、周囲への違和感がふくらんでくる。同級生のケヴィンだけには心を許している。

いじめのボスに逆襲して、アトランタの少年院に送られたシャロンは、自分を変えようと体を鍛

「ムーンライト」　（本書刊行時の情報）

DVD 好評発売中／スタンダード・エディション3,800円＋税
Blu-ray 好評発売中／スタンダード・エディション4,700円＋税
コレクターズ・エディション／5,800円＋税
発売元：カルチュア・パブリッシャーズ、販売元：TC エンタテインメント

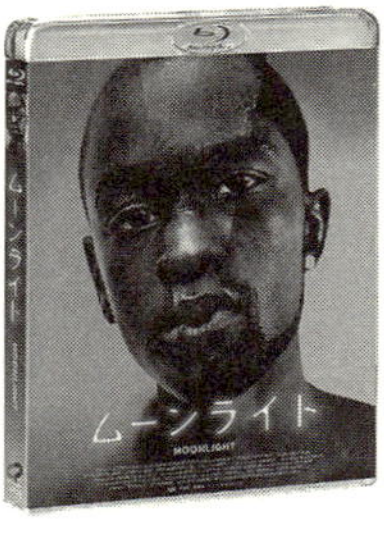

える。三〇代になった今はたくましい男に変身し、以前の弱々しさはない。そしてファンと同じ麻薬ディーラーになり、高級車を乗り回すようになっている。しかし、それは外見だけのことで、シャロンの本質は変わっていなかった。ケヴィンに再会してそれが確認される。

共感と思いやり

この作品にはアメリカ社会のさまざまな問題が投影されている。印象的なのは画面を貫いて流れている共感と思いやりである。白人と黒人、あるいはアフリカ系アメリカ人とマイアミに多いアフロ・キューバンなど人種を超えて共通する意識と問題が映画の基底に流れている。誰もが共有できるテーマとメッセージにあふれている。アメリカ社会の空気感に満ちているからだ。

ヒーローは登場せず、低予算でリハーサルもいっさいできなかったマイナーな映画なのに、きめ細かなキャスティングやカメラワークで映画に説得力を与えている。たとえば、三つの時期それぞれのシャロン役の起用では、共通するフィーリング、雰囲気、目の輝きを持つ三人を選び、互いに会わせないようにして撮影を進めた。

一〇代のシャロンとケヴィン、大人のシャロンとケヴィンもスクリーン上の相性を最大重視して選んだと一九七九年生まれの黒人監督、バリー・ジェンキンスはいっている。このような丁寧な出演者の起用と演出で、つくりものではなく、自然に感じられ、かつキャラクターの人間性に共感できるドラマが展開されて、感動を呼んだのである。

〝ムーンライト〟とは

〝ムーンライト〟（月の光）は、自分が見せたくない光り輝くものを暗示している。一〇歳のシャロンは内気な性格で、学校では〝オカマ〟とからかわれて、いじめられるが、彼にはその意味がわからない。違和感だけが大きくなっていくが、それを自分の内側に閉じ込めようとする。マッチョになったのもそのためだ。

本当の自分を見せられずに生きてきたシャロンは、ケヴィンに再会して、自分自身を解放することができた。小学生のときからケヴィンだけが理解者だった。高校生のとき、ケヴィンも巻き込んでいじめられたときに、堪忍袋の緒が切れたのである。

〝ムーンライト〟は誰にでもあるものともいえる。シャロンの母がシャロンに冷淡で麻薬中毒になったことにも背景があったはずである。そして、彼女に麻薬を売っていたファンも〝ムーンライト〟を抱えていただろう。原作となった戯曲を書いたタレル・アルバン・マクレイニーと監督のジェンキンスは偶然にもマイアミの荒れた公営住宅に育ち、同じ小中学校出身だった。さらに二人の母親は重度の麻薬中毒者だったという。

こうした実体験が作品に反映され、撮影もその地で行われたことで、リアリティが増した。地味で低予算の作品がヒットするとも思えず、出演者にはプレッシャーがなかった。アカデミー賞作品賞に輝いたのは、全てのスタッフにとってサプライズだった。

作品自体が評価されたことが基本だが、トランプ流の差別や偏見とは対極に位置する共感と思いやり、普遍的な人間理解と豊かな映像表現が広く受け入れられたと思われる。こうした作品に光が当てられたことは評価される。アメリカ映画の新たな流れを感じさせる。

最後に映像美、色彩設計の独自性があげられる。実際の映像に色を加工することで、黒人の皮膚や体をこれまでにない美しさで撮った画期的な作品といわれている。

（二〇一七年五月）

「ボウリング・フォー・コロンバイン」 アメリカ銃社会の矛盾

Bowling for Columbine

マイケル・ムーア監督　二〇〇二年　カナダ　一二〇分

コロンバインの悲劇

マイク片手の突撃アポなし取材という独特のスタイルでドキュメンタリー作品を作ってきたマイケル・ムーア監督。その巨軀《きょく》はユーモラスで、人気番組だった「電波少年」の松村邦洋を思わせるが、インタビューは鋭く核心を衝く。前作「ロジャー&ミー」は全米一の自動車会社ＧＭの会長に突撃インタビューするなど、労働問題に切り込んでいたが、本作ではアメリカ社会のガンともいえる銃問題に焦点を当てている。

制作の契機になったのは、一九九九年四月にコロラド州の小さな町コロンバインで起きた高校生銃乱射事件だ。二人の高校生がボウリングを楽しんだ後、ネオナチ気取りのカルト集団、トレンチコートマフィアの格好で自分たちが通うコロンバイン高校を襲撃、一二人の生徒と一人の教師を射殺して、自殺するというショッキングな事件だった。モニターテレビに映し出された図書館での乱射シーンや高校生の証言が痛々しい。

さらにその数か月後、監督の故郷ミシガン州フリントで、六歳の少女が同じ六歳の少年に射殺される事件が起こった。監督はこの二つの事件を追いながら、アメリカはなぜ銃社会なのか、どうしたら銃社会から抜け出せるのかを観客とともに考えようとする。

「ボウリング・フォー・コロンバイン」
Blu-ray 好評発売中／2,800円＋税
発売元：日活、販売元：ハピネット
（本書刊行時の情報）

なぜアメリカは銃社会なのか

今でもわれわれの記憶に鮮明なのは、一九九二年にルイジアナ州で射殺された名古屋市の高校生、服部剛丈《よしひろ》君の事件だ。その後、レーガン大統領が狙撃され、重傷を負ったブレイディ大統領報道官の名前を冠して運動が盛り上がったブレイディ法案（短銃の購入に際して五日間の待機期間を義務づける法）が成立したのが、一九九三年のことである。当時、アメリカには二億丁もの銃が存在し、年間一万五〇〇〇人以上が銃の犠牲になっていた。

ブレイディ法によって、直ちに銃問題が解消される見通しはほとんどなく、「銃で身を守るのは権利」という意識をどこまで変えられるかが課題といわれたが、残念なことにその後、事態はそれほど改善されていない。現在、アメリカでは人口二億五〇〇〇万に対し、約二億三〇〇〇丁の銃が民間に出回っており、年間一万一〇〇〇人余が銃で殺されている。

銃や銃弾はだれでも簡単に購入することができる。映画に出てくるが、銀行で口座を開くと、ライフルをもらえるのだ。地下室には新規のお客様のために、銃五〇〇丁が常時用意されていると行員が誇らしげにいう。コロンバインの高校生が大量に撃った銃弾も近所のスーパーで売っているものだった。

監督は果敢に行動する。高校銃乱射事件で被弾し、一人は車いす、一人はようやく歩けるようになった二人の若者といっしょにスーパーの本社を訪れ、交渉の末、今後は銃弾を売らないことを約束させる。大成功だ。同じように、監督は「十戒」「ベン・ハー」の名優で、全米ライフル協会の会長、チャールトン・ヘストンに突撃インタビューする。

広大なヘストン邸も監督の家から近いところにある。ヘストンは今や銃社会の擁護者を代表する〝顔〟だ。コロンバインとフリントの事件のあと、彼はマッチョに演説し、組織の引き締めを図っている。翌朝、インタビューに応じたヘストンは、銃を持つことは憲法に認められた権利で、銃を持っているだけで安心感が得られるという。

なぜ、アメリカから銃がなくならないのか、という質問に対しては、アメリカは他の国に比べて、血にまみれた歴史を持っているからだという。そして、犠牲になった六歳の少女の写真からは目をそむけるだけだ。

恐怖心と銃の連鎖反応

アメリカには銃があふれているから、事件が多いという説がカナダとの比較でくつがえされる。同じように銃が身近にあるカナダだが、銃の被害者はアメリカとは比較にならないほど少ない。アメリカの一万一〇〇〇人余に対して、一六五人だ。一本の川を隔てただけで、雲泥の差がある。治安が悪いアメリカでは自宅にカギを二重、三重にかけるが、カナダでは一〇万都市でもカギをかけない家が多い。

ヘストンもいっていたが、銃が人を殺すのではない、人が人を殺すのだ。なぜかというと、恐怖心のゆえである。映画に登場するアニメが雄弁にそれを物語る。イギリスから迫害を逃れてきた先祖は、先住民を殺し、黒人を奴隷にしてはその復讐を恐れ、つねに他者に対する恐怖心が植え付けられてきた。政府もメディアも危険を強調し、銃などで自衛する精神・社会構造が形成された。

カナダ人にいわせると、アメリカ人は互いに憎しみ合っている、弱者をたたいて強者を支援する、何でも戦いで解決しようとする、カナダ人は話し合いで解決するのに、という。ユーモアと笑いを武器にして、強烈な社会的メッセージを盛り込んだ話題作だ。

（二〇〇三年四月）

Sin nombre

「闇の列車、光の旅」　不法移民はなぜアメリカを目指すのか

キャリー・ジョージ・フクナガ監督　二〇〇九年　アメリカ・メキシコ　九六分

サイラの旅立ち

アメリカにはさまざまなルートから、不法移民が流れ込む。カナダ経由やメキシコ経由あるいはフロリダ沖経由。多くは貧困地域から〝希望の国〟〝約束の地〟アメリカを目指して、ブローカーや闇の商人を頼りに陸路、海路の危険な旅を続けてやってくる。

この映画の主人公はホンジュラスの首都テグシガルパで暮らしていた少女サイラ（パウリーナ・ガイタン）だ。長らく別居していた父が突然帰ってきた。アメリカから強制送還されたのだ。父はサイラを連れてもう一度アメリカへ行き、家族と暮らしたいという。

サイラは気が進まなかったが、ホンジュラスにいても未来の希望はないので、父と叔父とともに、旅立つことにする。グアテマラとメキシコを経由してアメリカのニュージャージーに至る長旅だ。危険な旅でもある。メキシコからは貨物列車の屋根に乗らなければならないのだ。なおかつ国境巡視隊の摘発からも逃れなければならない。

さらにギャングや強盗に襲われることもある。寝ている間に列車の屋根から突き落とされ、金品を奪われることさえある。そして、サイラもその危機に遭遇する。メキシコに入ると間もなく、ギャングたちが強盗目的で列車の屋根に上ってきて、金品を強奪し始める。女に目がないリーダーの

「闇の列車、光の旅」

DVD 好評発売中／ 1,200円＋税

発売元：日活、販売元：ハピネット　（本書刊行時の情報）

リルマゴは銃を突きつけてサイラに暴行を加えようとする。

カスペルとの旅

　危機一髪のサイラを救ったのは、ギャングの一員の少年カスペル（エドガー・フロレス）だった。カスペルの恋人マルタはリルマゴに暴行されそうになり、抵抗したはずみに頭を打って死んでいる。その記憶がよみがえったカスペルは、ナタで一撃してリルマゴを列車から突き落としたのだ。しかし、このときからカスペルは組織に追われる身となる。

　カスペルも列車の屋根に乗り、旅を続けるよりほかなくなる。サイラはカスペルを慕い、頼りにする。次第に淡い恋心に近い気持ちさえ持ち始める。カスペルがそっと列車を降りたときも、サイラは父に黙ってカスペルの後を追う。

旅の先々に組織の追跡の網が張られている。サイラを連れながら、それをかわし、ようやくメキシコとアメリカの国境近くまで到達する。隠れ家にした移民シェルターでサイラは父が国境巡視隊に追われて列車から転落死し、叔父は強制送還されたことを知る。悲しみに暮れるサイラをカスペルは黙って抱きしめる。

ついに川を越えてアメリカに渡る場所にたどり着く。仲介人に手数料を払い、サイラから川に入っていく。そのとき、追手のギャングたちが近づき、銃撃戦になる。サイラはカスペルを助けようとするが、どうすることもできない。

なぜ「闇の列車、光の旅」なのか

ラテンアメリカには貧富の重層構造がある。一握りの富裕層と薄い中間層、そして多くの貧困層である。さらにアメリカ人がメキシコ人を差別するように、メキシコ人は中南米人を差別する。貧しい中米人は飛行機のチケットやパスポートの取得など、正規の手続きを踏む経済的余裕はないから、違法な手段でアメリカを目指す。

なぜアメリカかといえば、アメリカでは無条件で豊かな生活を送れると楽観視したり、幻想を抱いているわけではなく、ほかに選択肢がないからである。少しでもよい生活を求めるなら、北を目指すしかないのだ。「光の旅」は一条の光を求める旅なのだ。地球温暖化で農産物が打撃を受けるとメキシコからの移住者がますます増えると予測されている。

監督は、刑務所で服役中の不法に移民を運ぶギャングのメンバーや、事故や怪我で国境を越えられなかった多くの人たちに会い、かつ実際に貨物列車の屋根によじ登って旅をするなどの経験を重ねて、シナリオを書き、映画化した。

ギャングたちの描写もリアルだ。カスペルの背中のタトゥーや顔中タトゥーのリルマゴ、鉄の掟、凶暴性。アメリカ、中南米には五万人から一〇万人のギャング（その多くは少年）がいるといわれる。武器や麻薬の密輸、商店からのみかじめ料、不法入国の仲介料などが主な収入源という。

映画のラストの明るい日差しの中の白っぽい無機質な都市風景は、サイラの未来を象徴しているようだが、サイラは進むほかはない。監督はこのデビュー作で二〇〇九年サンダンス映画祭監督賞と撮影監督賞を受賞している。

（二〇一〇年九月）

「フローズン・リバー」国境の町の特殊な現実

Frozen River

コートニー・ハント監督　二〇〇八年　アメリカ　九七分

国境の町

貧困大国とも評されている現代アメリカの厳しい現実をのぞかせた映画である。主人公は疲労の色をにじませた中年女性レイ（メリッサ・レオ）、五歳と一五歳の男の子の母親でカナダとの国境に近い町に住んでいる。住居は古いトレーラーハウスで、冬は水道管が凍りつく。設備のいい新しいトレーラーハウスを買うのを楽しみにしている。

しかし、そのために積み立てていたお金をギャンブル依存症の夫に持ち逃げされてしまった。彼女は一ドルショップで働いているが、正社員にしてもらえず、その日の生活費にも苦労している。子どもたちの朝食はドリンクとポップコーンだけだ。

夫の行き先は見当がついている。ネイティブ・アメリカン、モホーク族の保留地内のビンゴ会場に決まっている。彼女は夫を探しに出かける。夫は見つからなかったが、モホーク族の若い女ライラ（ミスティ・アップハム）が夫のクルマに乗っているのを発見し、詰問すると、キーをつけたままバス停に放置してあったから拾ったのだ、と居直られる。

なぜ、モホーク族の保留地にギャンブル施設があるのか。レーガン時代に遡《さかのぼ》るが、保留地への補助を大幅に削減された先住民は、代わりに認められたギャンブル施設でしのぐようになった。ギャンブルはほとんどの州で禁止されており、ラスベガスなどごく一部でしかできない。そのため、近隣の白人をお客にしたギャンブル業が成立するのである。

安易な犯罪への道

国境の町の特殊性はそれだけではなかった。モホーク族の保留地には州法が及ばないのである。保留地は広大でカナダとアメリカにまたがっているが、モホーク族は国境の存在を認めていない。連邦法は適用されるが、州法からは自由なのだ。彼らは独自の警察や法廷、議会を持っている。州警察が立ち入れないことを利用して、タバコの密輸などさまざまな不法行為がまかり通る。冬季に凍ったセントローレンス川を利用して、カナダ側から不法移民をアメリカへ密入国させる裏ビジネスもそうだ。お金が欲しいレイとライラはチームを組む。

手数料は一人当たり一二〇〇ドルで荒稼ぎである。急に羽振りがよくなった母親を一五歳の息子は不審に思う。不法移民はアジア系が多い。クルマのトランクに入れて運搬するのである。クリスマスの夜に乗せたのは、パキスタン人夫婦だった。夫婦から預かったバッグを短絡的にテロ爆弾の類と疑ったレイは、道中でそれを車外に捨ててしまう。

しかし、バッグに入っていたのは赤ん坊だった。やむなく二人は引き返し、バッグを回収するが、赤ん坊は冷たくなっていた。冷たいまま夫婦には返せないと、レイは赤ん坊をライラに抱かせ、体温で温めさせる。しばらくすると、赤ん坊が息を吹き返すという奇跡が起きる。このときレイは科学的な理由で納得するが、ライラは創造主が生き返らせたと感動する。白人と先住民の文化・価値観・生命観の相違を示すシーンだ。

事故で夫を亡くし、姑《しゅうと》に子どもを奪われたライラは正規の仕事に就いて子どもを取り戻そうとする。レイは子どものためにも新しいトレーラーハウスを購入したいと思い、最後の仕事にライラを引き込む。しかし、事態は意外な展開となり、レイとライラは重い決断を迫られる。

多文化共生社会の現実

この映画は二〇〇八年のサンダンス映画祭でグランプリに輝き、二〇〇九年アカデミー賞二部門にノミネートされたほか、数々の映画祭受賞を重ねた。ドキュメンタリータッチでアメリカ社会の細部を的確に表現していることが評価されたと思われる。脚本も監督が書いており、彼女はアメリカのインディペンデント映画界でもっとも注目される一人となった。

多文化共生社会といわれるアメリカもカナダも、現実にはさまざまな問題を抱えている。映画で当初二人は反発し合うが、貧困と子どもを持つ母親であることを共通項にパートナーになる。しかし、結局は子どものために、無理な局面を招来し、危機に陥るのである。最後にレイは人間としての生き方を問われ、激しく自問することになる。

レイの夫は一度も登場せず、アメリカの悩める家族関係の一端をのぞかせている。国境の町の貧困にもグローバリゼーションの負の側面が投影されているように思われる。パキスタン人への偏見には「9・11」の後遺症を感じ取ることも可能だが、一般的なアメリカ人の単純な思考回路を物語る。ライラの方が平凡だが人間的であるともいえる。

レイも子どもの前では夫のことを悪くいわない。長男にもギャンブルさえしなければいい父親なのに、と自分に言い聞かせるようにいっている。家族の再生を願いながら、思い通りにいかない現実の前で無力感に打ちひしがれている。それでも何とか出口を見つけなければならない。経済的に恵まれないアメリカの庶民のもがきが伝わってくるが、ラストでほのかな希望の兆しが見えるところに救いがある。

（二〇一〇年四月）

Super Size Me

「スーパーサイズ・ミー」 ファーストフード王国の病理

モーガン・スパーロック監督 二〇〇四年 アメリカ 九八分

ファーストフード王国への挑戦

アメリカはファーストフード王国である。その代表格はマクドナルドだ。第一号店オープンは戦前の一九四〇年にさかのぼる。現在、マクドナルドは全世界に約三万店もあり、毎日四六〇〇万人が利用しているという。スペインの総人口より多い計算だ。その総売上高は四〇〇億ドルを超えている。まさに世界を席巻しているといっていい。

マクドナルドは至るところにある。アメリカでは、街角はもちろん、小中学校、高校、大学、空港、動物園、競技場、クルーズ船、電車、航空機、ガソリンスタンド、コンビニ、病院の食堂にもある。マクドナルドはアメリカ・ファーストフード産業のシェアの四三パーセントを占めている。

マクドナルドに代表されるファーストフードを食べ続けることによって起こる健康被害も無視できない。糖質と脂質の過剰摂取による肥満と肝機能障害が代表的だが、今日、食事の四〇パーセントを外食に頼っているアメリカ人は、成人の六割、子どもの四割近くが過体重か肥満といわれる。そして、毎年四〇万人が、肥満が原因で死亡している。

二〇〇二年、肥満に悩む二人の少女が、その原因はマクドナルドのハンバーガーにあると同社を訴えたが、「大量に食べたのは本人の責任」として棄却される判決があった。監督はこのニュースに関心を持ち、どちらの言い分が正しいのか、三〇代の自分の体で証明してみようと思い立った。その人体実験をドキュメンタリーにしたのがこの映画である。

ユーモラスで悲壮な実験

実験に際して課した原則は、三〇日間「マクドナルド店内に存在するものしかオーダーしてはならない」「スーパーサイズを勧められたら断らない」「すべてのメニューを必ず一度は食べる」「朝・昼・夜の三食すべてを残さず食べなくてはならない」の四つである。

監督の健康な体はどんどん蝕まれていく。カロリーの過剰摂取で体重は増加、体力は低下、気分も滅入ってくる。二一日目にはドクターストップがかかるが、監督はやり抜く。同時に監督は全米を回り、ファーストフードについての取材活動をする。全米一の肥満都市といわれるヒューストンを含め、二〇州あまりを訪れ、インタビューをし、レポートする。胃の大部分を切除する痩身手術の様子もカメラに収めている。

医師や学者、学校給食の調理師、弁護士、食品会社のスポークスマン、政治家などあらゆる関係者、専門家から証言を得て、分析している。主治医の内科医、消化器科医、心臓専門医、管理栄養士の四人による定期的な診断を受け、体の変化を記録していった。クルマ社会で運動しない平均的アメリカ人に合わせて、一日三〇〇〇歩程度に制限した。

その結果、実験最終日には、体重が一一キロ増加、コレステロール値六五ポイント上昇、体脂肪率七パーセント増加。気分はさえず、疲労感があり、情緒不安定になり、性生活はないに等しくなった。食べるともっと欲しくなり、食べないときは頭痛がするという典型的な中毒症状が出た。これはファーストフードにはカフェインなど多くの中毒性物質が含まれているためである。

とにかく、極度に健康を害する悲惨な結果が証明されて、実験は終わった。その後、監督はベジタリアンのガールフレンドがつくった〝解毒メニュー〟のおかげで、二か月間で肝機能を回復したが、体重を元に戻すには一年以上かかったという。

マクドナルド化される世界

食生活におけるファーストフード、ジャンクフード化の背景のひとつには、女性の社会進出で家事労働が外部化したことがある。食事だけでなく、掃除、育児も産業化した。中でも外食産業が肥大化し、食品工場から画一的な商品が日々、大量に供給される。企業は巨額の広告費を使い、ロビイストを動員して企業に有利な制度環境を整備してきた。先の少女たちがマクドナルド社を訴えた裁判の類も、二〇〇四年の新法で禁止されてしまった。

こうしたアメリカン・ウェイ・オブ・ライフを世界中に拡大するのが、マクドナルドなどアメリカ外食産業の戦略である。すでに日本もその渦に巻き込まれている。映画でショッキングなのは、幼児期からその刷り込みが行われているシーンだ。店にはおもちゃや遊園地があり、マクドナルドが最も身近な存在として受容されていく。小学校で子どもの自主性に委ねるという理由で、給食にジャンクフードが提供されているシーンもあった。

　こうしたアメリカの現実をフットワークよく、ユーモアも交えながら告発したドキュメンタリーは貴重である。完成後、本作は二〇〇四年サンダンス映画祭で大反響を呼び、最優秀監督賞を受賞した。ちなみに「スーパーサイズ」はアメリカだけで販売していた超ビッグサイズのハンバーガーで、タイトルは「自分を特大にしよう！」の意味になる。

（二〇〇五年三月）

「ファーストフード・ネイション」　アメリカ人にとってファーストフードとは

Fast Food Nation

リチャード・リンクレイター監督　二〇〇六年　アメリカ・イギリス　一〇八分

ファーストフード依存社会

「世界のどこでも同じ味、早くて安くてうまい」を歌い文句に、マクドナルドに代表されるファーストフード業界は世界を席巻している。

もちろんその弊害も表面化、深刻化している。高カロリーによる肥満、農薬・添加物・香料・汚染肉・遺伝子組み換え作物使用などの危険性、衛生管理のずさんな食材工場、食生活の画一化、膨大な底辺・違法労働者の存在などの指摘は枚挙にいとまがない。

最近は子どもの肥満が問題になり、イリノイ州のように学校内でスナック菓子や炭酸飲料水などジャンクフードの販売を中止するケースも出た。ニューヨーク市厚生委員会も、フレンチフライやドーナツなどに使用されている人工トランス脂肪酸が、肥満や動脈硬化、糖尿病を促進するとして、市内レストランで使用禁止を決定、全米に波紋を広げた。

ウェンディーズやケンタッキー・フライド・チキンなどは、いち早く対応したが、マクドナルドは原料確保の問題から切り替えが遅れた。他方、日本マクドナルドの二〇〇六年の全店売上高は四四一五億円余と過去最高を達成、日本でも健在ぶりを示している。

本作品はアメリカの巨大なファーストフード業界の現状と問題を告発、批判したエリック・シュ

「ファーストフード・ネイション」の1シーン（BBC FILMS/HANWAY FILMS/PARTICIPANT PRODUCTIONS/Ronald Grant Archive/Mary Evans／共同通信イメージズ）

ローサーのノンフィクション『ファストフードが世界を食いつくす』（二〇〇一年、楡井浩一訳、草思社出版）を原作とした劇映画である。

ミッキーズ・バーガーの場合

舞台はコロラド州。大勢のメキシコ人たちが仲介人の先導と運び屋のクルマで密入国してくる。ときおり、国境パトロールに見つかり、四散し、はぐれて砂漠で命を落とす者も出る。そうして密入国した一〇人余りの行動がストーリーのひとつを構成する。

場面が変わってカリフォルニア州アナハイムのミッキーズ・バーガーの本社。会議室で販売戦略が練られている。出席していたマーケティング部長のドン（グレッグ・キニア）が社長に呼ばれる。「テキサスの大学院生たちの分析調査で、わが社のパテから多量の糞便性大腸菌が検出されたそうだ。公になったらまずいことになるので、すぐコロラドの工場へ調査に行ってくれ」。

次はコロラド州コーディにあるミッキーズ・バーガーの店にカメラが移る。厨房ではアルバイトの二人の少年がちんたらと仕事をし、床に落ちたパテを拾い上げてフライパンに入れたりしている。カウンターでは真面目な女子高生アンバー（アシュレイ・ジョンソン）が笑顔で客に対応している。

そこに調査に来たドンがやってきて主力商品のハンバーガー〝ビッグワン〟を注文し、アンバーと言葉を交わす。ドンが身分を明かしたとたん、少年はドンのハンバーガーに唾を吐き、パックする。もちろんドンは何も知らず、美味しそうにそれを食べる。

悪い噂を耳にはさみつつも、工場は清潔で問題なさそうに見えるし、工場の壁に阻まれて実質的調査はできない。工場では密入国したメキシコ人たちが、低賃金で劣悪な労働に従事している。現場責任者は若いメキシコ人女性にセックスを強要し、麻薬を教えている。アメリカとメキシコには一〇倍もの賃金格差があり、密入国者が絶えることはない。

ファーストフードは永遠の存在か

アンバーは自由人の叔父に感化されて、バイトを辞め、反体制・環境保護グループと巨大農場の牛を解放する過激な行動に走るが、牛たちは動かず、事態は少しも変わらない。工場のラインでは非熟練の密入国者も牛の内臓処理を担当させられている。そこで糞便が混じろうが、焼いてしまえば大丈夫だ、パテを生で食う奴はいない、とシカゴ支店副社長は豪語し、ドンは反論できない。

コロラドの農場は象徴的だ。農場といっても牧草地はなく、無数の牛が柵の中でエサを与えられ、出荷を待っている。密集して動くのもままならず、抗生物質とステロイド漬けだ。排泄物も河川を汚染している。利潤の極大化のために、効率化された食材工場そのものだ。これがよくも悪しくも、ファーストフード業界の縮図に見えてくる。

アメリカ人の多くは幼児の頃から、ファーストフードを刷り込まれている。操作されているといってもいい。今日、平均してアメリカ人は毎週ハンバーガーを二個、フライドポテトを四袋食べるといわれる。一世代前は食費の四分の三は家庭で用意する食事に当てられていたが、今は食費の約半分が外食店、主としてファーストフード店に支払われる。

こうした悪循環を断ち、健康的な食生活を保持するには、一定の意識水準や経済環境が必要で、肥満が貧困の象徴となっているように、ファーストフードをめぐる問題はまさに社会・経済格差の問題と表裏一体なのである。

（二〇〇八年五月）

「オンリー・ザ・ブレイブ」

Only the Brave

山火事消火のスペシャリスト

ジョセフ・コシンスキー監督　二〇一七年　アメリカ　一一三四分

アメリカの山火事

アメリカの山火事は規模がけた違いだ。二〇一七年一〇月のカリフォルニアの山火事はまだ記憶に新しいが、その焼失面積は七万七〇〇〇ヘクタールにも及び、二〇一四年日本の山火事（林野火災）焼失総面積一〇六二ヘクタールの七〇倍以上となっている。ひとつの山火事被害が日本全体一年間の七〇倍の規模なのだ。

日本は秋から冬にかけての乾燥期に山火事が多いが、アメリカは気象条件が違い、カリフォルニアなど西海岸から中西部の州では夏から秋が多い。気温摂氏五〇度、湿度一〇パーセントにもなり、木が擦《こす》れ合って起きる自然発火も珍しくない。

消火活動に関して、アメリカの山火事は連邦農務省森林局管轄下のスペシャリスト集団が担当している。〝ホットショット〟と称されている組織である。ホットショットは全米各地に約一一〇隊が置かれている。各隊約二〇名の精鋭部隊だ。山火事が発生すれば直ちに出動する。地元の消防組織はその指揮下に入ることになる。

本作品はこのホットショットに光を当てている。アリゾナ州プレスコット市（人口約四万人）のグラニット・マウンテン・ホットショットである。このホットショットは厳しい審査を経て、地方

「オンリー・ザ・ブレイブ」

DVD好評発売中／3,800円＋税　　発売・販売元：ギャガ　（本書刊行時の情報）

自治体が組織する部隊としては初めて誕生したホットショットという点で注目された。

ホットショットへの道

　プレスコット市の森林消防隊は果敢に消火活動に勤しんでいたが、現場の権限はホットショットにあり、制約が多かった。指揮官のエリック・マーシュ（ジョシュ・ブローリン）は、ホットショットに認定されることを切望し、市の消防署長で親友のデュエイン・スタインブリンク（ジェフ・ブリッジス）に相談する。

　しかし、地方自治体の森林消防隊

がホットショットに昇格した前例はなかったので、市長は慎重だったが、マーシュたちの実力を評価するデュエインの説得で、審査を受けられるよう手配する。審査はたまたま発生した山火事の現場で審査官が厳格に行うことになった。消火方法に関してマーシュと審査官の意見が対立するが、マーシュは信じる方法で消火を成功させる。

こうした経緯でマーシュの森林消防隊はホットショットに昇格する。市民の祝福を受けてスタートするときに、マーシュは地元の名峰グラニット・マウンテンにちなんで、グラニット・マウンテン・ホットショットと名づける。

このホットショットにはつい最近まで自堕落な生活を送っていたブレンダン・マクドナウ（マイルズ・テラー）がいた。彼は麻薬やセックスに溺れ、窃盗罪で保護観察中だったが、別れた恋人の妊娠を知り、心機一転して森林消防隊の新人募集に応募してきたのだ。隊員の多くは反対したが、マーシュはマクドナウの覚悟を読み取り、採用する。

しかし、訓練は並大抵ではなかった。山火事消火の手法は燃料となる樹木を除去して防火帯をつくり、逆に迎え火で林野の密度を下げ、炎の行き場をなくして鎮火させるというものだ。建物火災と違い、水は使わず、火を使って火と戦う。各種サバイバル用品と防火帯をつくるための道具が詰まった二〇キロの特注バックパックを背負い、険しい山道を走り抜けなければならない。その体力と技術のための過酷な訓練なのだ。マクドナウは訓練に耐え、仲間の信頼を得る。

ヤーネルヒル山火事

グラニット・マウンテン・ホットショットが地元の期待に応えて活動を開始してから六年目、二〇一三年六月にアリゾナ州で落雷によるとみられる歴史に残る巨大なヤーネルヒル山火事が発生する。いくつかのホットショットが連携して消火活動に入ったが、気温が六月としては過去最高の五三度にもなり、乾燥と強風で思わぬ事態が起こる。風向きが急変して火がグラニット・マウンテン・ホットショットの退却ルートを閉ざしたのである。

山火事消火には火勢や風向きの的確な判断と迅速な行動、退却ルートの確保が不可欠である。映画は事実を基にしており、隊員たちの勇気や連帯、使命感について熱いメッセージを送っている。グラニット・マウンテン・ホットショットは、リーダーのマーシュだけが四〇代、ほかは三〇代四人と二〇代一五人の若いチームだったが、実力と手腕だけでなく、礼儀正しさでも知られていた。

火災と、それと戦う人間を描いた映画としては、「タワーリング・インフェルノ」（一九七四年）や「バックドラフト」（一九九一年）が有名だが、ふたつとも建物火災である。広大な規模と莫大な被害をもたらす山火事は撮影の困難さなどから映画化は難しいとされてきた。今回は実在したグラニット・マウンテン・ホットショットの取材、調査と、巨大な人工の森をつくって燃やすなどの技術的な対応で迫真の山火事と消火作業が再現されている。

ホットショットの隊員を演じた俳優たちも、訓練キャンプに参加し、ホットショットが行う仕事を学び、険しい山岳地帯での過酷な撮影に耐えた。

（二〇一八年七月）

「不都合な真実2　放置された地球」

An Inconvenient Sequel : Truth to Power

ボニー・コーエン、ジョン・シェンク監督　二〇一七年　アメリカ　九八分

地球温暖化は克服できるか

アル・ゴアのチャレンジ

クリントン大統領のときに八年間副大統領だったアル・ゴアは熱心な環境保護理論家・運動家である。そのキャリアは学生時代に遡り、上院議員時代の一九九一年には『地球の掟』という書籍を出版し、ベストセラーになっている。

彼は地球温暖化への警鐘を鳴らした二〇〇六年のドキュメンタリー「不都合な真実」や精力的な啓蒙活動によって、二〇〇七年にノーベル平和賞を受賞した。気候変動対策に関する理解を世界中に広げるために最も尽力した個人という評価が受賞理由だった。

それから一〇年。事態はますます深刻化しているように見える。氷河融解、海面上昇、激しい台風やハリケーン、破壊的な干魃《かんばつ》、森林火災、大洪水。最近の科学論文によれば、温室効果ガスの気候への影響は以前より早まっているといわれる。しかし、ゴアは諦めず、熱心に活動を継続している。この映画はそのドキュメンタリーである。

ゴアは世界中を飛び回っている。グリーンランドの氷河が溶け出している現場やインド、フィリピン、アメリカなどの水害、干魃被災地を訪れ、スライド一式を携えて世界各地で講演会を行っている。週に三回という猛烈スケジュールである。ユーモアを交えて問題をわかりやすく説き、聴衆

「不都合な真実２　放置された地球」

DVD 好評発売中／1,429円＋税　　Blu-ray 好評発売中／1,886円＋税

発売・販売元：NBC ユニバーサル・エンターテイメント　（本書刊行時の情報）

を魅了する。

ゴアは世界中に一万三〇〇〇人もの環境問題のリーダーとなる学生や社会人を育成している。マイアミ、ヒューストン、北京、マニラでの様子が映し出されている。再生可能エネルギーをめぐっては政治的立場が異なる共和党市長とも手を携えている。テキサス州ジョージタウンの共和党市長と握手するシーンがある。

トランプの登場と環境問題

ところで世界二位の炭酸ガス排出国アメリカで、地球温暖化対策にきわめて消極的なトランプ大統領が誕生した。大丈夫なのか。

ゴアはこの点は楽観的で、まだ時間切れではないという。ゴアはトランプ大統領に会い、気候変動について話している。今後も促し続けるといっている。

トランプの登場にかかわらず、地球温暖化対策の必要性は世界的に認識されているし、真面目に取り組んでいるアメリカ企業も多い。大統領のパリ協定脱退宣言にもかかわらず、二〇一七年一一月公表のアメリカ政府報告書は地球温暖化の原因を正当に捉えている。映画にも地球温暖化対策に取り組む多くの市民団体やＮＰＯ、企業が登場している。再生可能エネルギーによる電力を一〇〇パーセント使用する都市はアメリカにも多い。

インドを説得したパリ会議

二〇一五年パリ協定のときも、ゴアは貴重な役割を果たしている。中国、アメリカに続く世界三位の炭酸ガス排出国インドが排出量削減に消極的であることを知り、インドのデリーへ赴き、担当大臣を説得している。インドの過去数十年の経済成長は石炭による部分が大きく、インドのエネルギーの六五パーセントが石炭でつくられてきた。

アメリカや他の先進国も石炭を燃やして経済成長し、繁栄してきた。インドもその道を進む、太陽光発電への投資は一五〇年後に石炭がなくなってからだ、とインドは主張する。気候変動の議論では、この歴史的責任や公平性、現在貧困に苦しんでいる人々のことが合わせ鏡のように論じられる。ゴアはそれに理解を示しつつ、気候変動がこれ以上進めば、インドも破滅的な影響を受けることを説き続けた。貧困国のひとつであるバングラデシュで、わらぶき屋根の上にソーラーパネルを設置して何百万人もの人々が電力の恩恵を受けている例も話している。

それでもインドは化石燃料方式による発展を維持する権利を主張し、パリ会議は行き詰った。ゴアは諦めず、会議の司会役のフランスの外務大臣と国連気候変動枠組条約事務局長の協力を取り付け、インドの太陽光発電インフラ整備を進めるための技術と資金の国際援助手配に奔走する。こうしたゴアの努力でインドもパリ協定に参加する。

ゴアは政治的公職を退いているが、上院議員や副大統領などの豊富な政治的経験と広い人脈が地球温暖化対策の活動に最大限に生かされている。これが開放的なパーソナリティと相まって、比類ない推進力となっている。その一部始終をコーエンとシェンクは役割分担しながらカメラに捉えていった。ゴアも協力した。

こうしてゴアがいかに速く動き、舞台裏で何が行われ、一般には報道されないような貢献をしているかがうかがえる貴重なドキュメンタリーとなった。ゴアは緊急性と楽観主義という対立するテーマの均衡をとって日々精力的に活動している。

最後にゴアが映画で訴えている三つのメッセージを紹介しよう。①温暖化の影響は顕在化しており、状況は悪化の一途をたどっている。②温暖化の解決策はすでにわかっており、私たちの手中にある。③間に合うタイミングで社会全体を動かしていくためには、私たち一人ひとりが自分のライフスタイルを見直すだけでなく、政治家を動かしていかなくてはならない。

（二〇一八年一月）

第3章　地域社会と人々

「ミルドレッド」

Unhook the Stars

中年女性の転機と再出発

ニック・カサヴェテス監督　一九九六年　アメリカ　一〇六分

人生を見つめ直す

淡々とした映画だが、深い味わいを残す作品である。いわゆるインディペンデント映画に見られる簡素で緊密な構成と明確なメッセージをつよく感じさせる。中年女性に訪れた人生の転機を鮮やかに切り取り、悩む主人公とともに人生の展望、選択の問題について考えさせる。何気ない一市民の生活の断片が普遍的なリアリティをもつ。そんな映画だ。

アメリカ中西部の住宅地の朝、白い息を吐きながら中年の女性、ミルドレッドが新聞配達をしている。クルマを少しずつ移動し、玄関先に新聞を置いていく。知り合いの男性と朝のあいさつを交わす。娘のアニーが配達を投げ出してしまったからだ。

監督は、実はミルドレッドを演じているベテラン、ジーナ・ローランズの息子、ニック・カサヴェテスである。彼の父親、つまりジーナ・ローランズの夫は、今は亡きインディペンデントの父といわれたジョン・カサヴェテスだ。曲折を経て父と同じ道を歩み出したニックは、父のかつての仕事仲間を説得してこの作品をつくった。デビュー作である。

なぜ新聞配達のシーンから始めたか。監督は記憶を振り返る。ある寒い朝、ジョギングをしていたら、クルマが一台、ヘッドライトをつけたまま停まっていて、そこから新聞配達の少年が飛び出

写真協力　公益財団法人川喜多記念映画文化財団

してきた。クルマとすれ違うとき、運転席にいた母親と目が合った。

そのイメージがどうしてか、脳裏に刻み込まれた。新聞配達をしている少年と付き添っている母親。それは自分の過去、母親と自分の関係に広がり、母親が自分をどう育ててきたのか、幼少期に占める母親の存在の大きさに気がついた。そこから一人の中年女性を核にしたストーリーが紡ぎ出された。そして、アカデミー賞候補に二度も選ばれた母親、ジーナ・ローランズを起用したのである。

思いがけない変化

ミルドレッドは二三歳になる娘のアニーと折り合いが悪い。始終、口論をし、娘は反抗する。新聞配達も母が勝手にやらせたといって、さぼり、ついに家を飛び出して行く。息子のイーサンはビジネスマンとして成功し、結婚もして独立している。ミルドレッドは一人になってしまったのだ。

そんなミルドレッドに突然、向かいに住む若い母親モニカが、六歳になる息子ＪＪを預かってほしいと頼みに来る。夫婦喧嘩の末、夫が家を出て行ったからだ。ミルドレッドもその夫婦喧嘩を目撃したことがあった。彼女はＪＪを小学校に送迎し、午後はピアノを弾いてあげたり、ゲームをしたり、本を読んで聞かせる。その夜、迎えに来たモニカに彼女はしばらく続けてもいいのよ、という。最初、遠慮したモニカもミルドレッドを頼るようになる。

こうして、ミルドレッドには新しい生活のリズムができる。ミルドレッドは未亡人だが、年金収入などがあり、生活には困っていない。問題は自分が関われるものの発見であり、生きがいを見つけることだ。二人で毎日を過ごしているうち、ミルドレッドとＪＪはお互いにかけがえのない存在になっていく。子どもを育てていた頃を思い出し、深い愛情を感じるようになる。ＪＪが生きがいになったのだ。

ミルドレッドの再出発

モニカとの間にも友情が生まれる。モニカは他人に親切にされることに慣れていなかったので、最初は心を開かなかったが、次第に打ち解けてくる。モニカを通じてミルドレッドの世界も広がる。モニカはお礼にミルドレッドをバーに誘い、そこでミルドレッドはトラック運転手のビッグ・トミー（ジェラール・ドパルデュー）に出会い、ダンスに誘われ、好意を寄せられる。青春時代以来、経験しなかったことで彼女は当惑する。

なかなか夫を許そうとしないモニカにも説得を試みる。「愛はとても儚《はかな》いものよ。芽を吹けばほんの少しの水でも育つ。でも芽を摘めばすぐ枯れてしまう。永久に消えてしまうの」。夫が許しを求めているタイミングを外してはいけないと諭《さと》す。しかし、モニカの元に夫が戻ることは、ＪＪとの日々も終わることを意味する。

それが現実のものになったとき、再び一人ぼっちになったミルドレッドは毎晩のように酒浸りになる。子どもが生まれるので、一緒にサンフランシスコに住んで面倒をみてほしいという息子の頼みを断ったのも、ＪＪがいる今の土地から離れたくなかったからだ。

しかし、そこからミルドレッドは決心し、再出発にチャレンジする。娘のアニーが戻ってきていっしょに暮らしたいというが、家はもう売ってしまった、どこへ行くかもいえない、落ち着いたら連絡するといって町を出て行く。

ミルドレッドの目的地はどこか。大事なことは、彼女が過去と別れ、新たな人生を求めて出発していくことだ。監督が父に捧げた「自由であるための自由」のフレーズが浮かぶ。主題歌を歌っているのはシンディ・ローパーだ。

（一九九六年一二月）

「ブロンクス物語」

A Bronx Tale

少年が生きた二つの社会

ロバート・デ・ニーロ監督　一九九三年　アメリカ　一二一分

名優ロバート・デ・ニーロの初監督作品である。彼はエリア・カザンやベルナルド・ベルトリッチ、マーチン・スコセッシ、フランシス・F・コッポラなどの名監督、名匠と一緒に仕事をし、映画製作の方法も呼吸も知り尽くしている。そして、遅くならない時期に監督をするのが夢だった彼は、多数の作品に出演して資金を調達し、いいシナリオとの出会いをじっくりと待った。

そうして出会ったのが、映画でマフィアのボス、ソニーを演じているチャズ・パルミンテリのシナリオで、ニューヨークで大好評を得た一人芝居「ブロンクス物語」だった。パルミンテリにはすでに映画化の申し込みが殺到していたが、彼も納得のいく映画化の話を待っていた。デ・ニーロと彼は一致したのである。

映画はニューヨーク、クイーンズのアストリアに一九六〇年代の街を精密に再現して撮影された。通りの標識やクルマ、街灯、玄関前の階段、ショーウインドーの商品など、当時と同じものが揃えられ、サウンドも当時の名曲が適切に配されている。ひじょうにきめ細かく神経が行き届いた映画づくりで、かつ抑制的な演出は大スターというより職人的なものを感じさせる。物語はパルミンテリの自伝的要素が濃いが、マンハッタンのリトル・イタリーで育ったデ・ニーロのルーツも投影されているようだ。

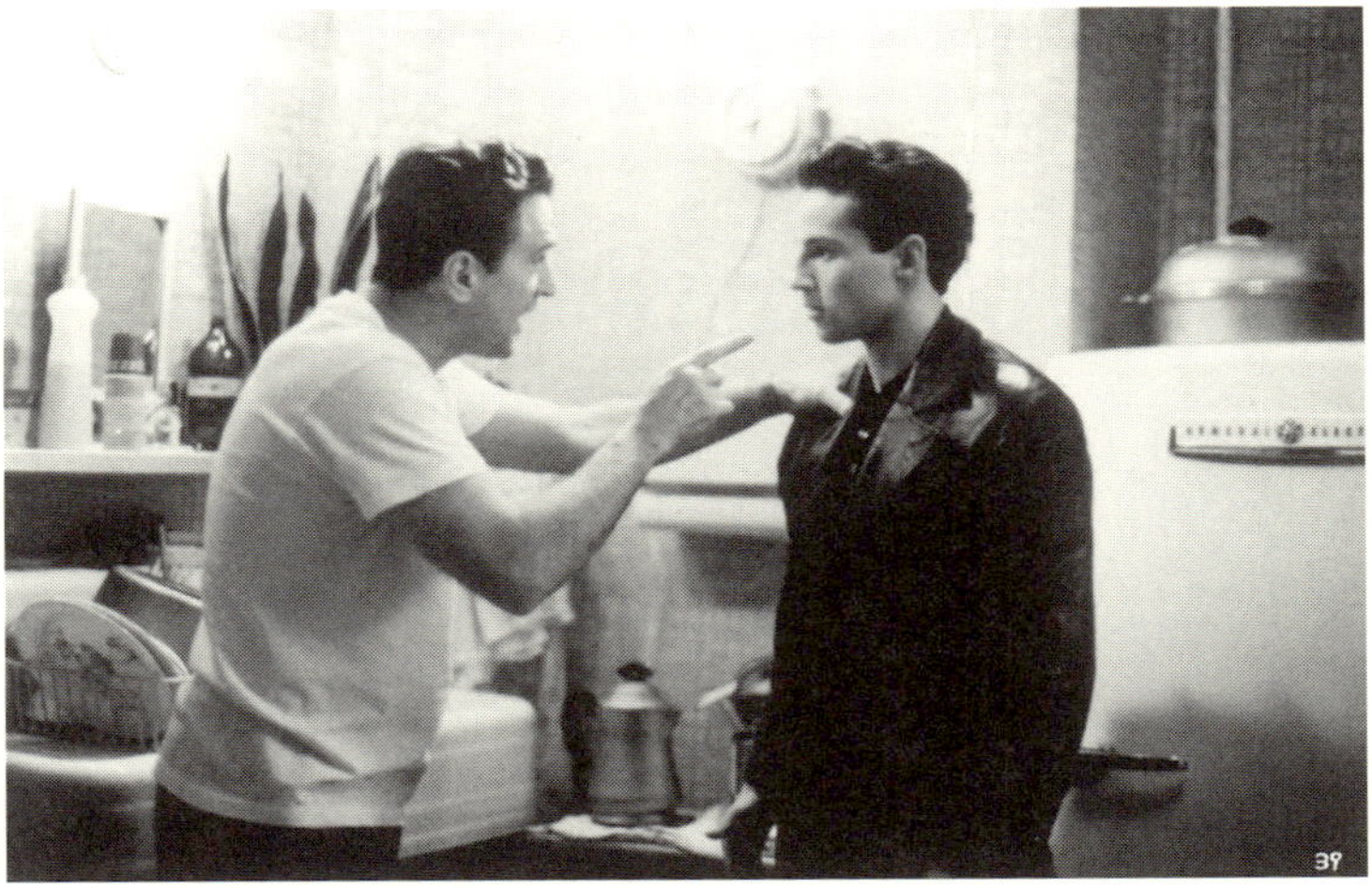

写真協力　公益財団法人川喜多記念映画文化財団

二つの世界、二人の父親

一九六〇年代のブロンクス。マフィアが台頭し始め、イタリア系アメリカ人と黒人など人種間の対立が激しかった。九歳のイタリア移民の一人息子カロジェロは、実直なバス運転手の父と母に愛され、幸福な生活を送っていた。そこに殺人事件が起きる。撃ったのは一帯を仕切っているマフィアのボス、ソニーだった。目撃者はカロジェロだけだ。ソニーに憧れており、かつ友人を裏切ることはよくないと教えられていたカロジェロは、警察にソニーは犯人ではないと証言する。

その日からカロジェロとソニーは秘密を共有するある種の同志感で結ばれる。ソニーは何かとカロジェロに目をかけ、可愛がる。酒場や賭博場にカロジェロを連れ出し、小遣いを稼がせる。ソニーに可愛がられていることはそれだけで周囲に特別扱いをもたらす。それを知った父ロレンツォはソニーにかけあい、カロジェロに構うなと抗議する。

ロレンツォはカロジェロに諭す。「人生で最も悲しむべきことは、才能を無駄にすることだ。自分自身の才能を大切にするんだ。ソニーは皆に好かれているんじゃない。恐れられているだけだ。近づくんじゃない」。

しかし、九歳のカロジェロはそれをよく理解できない。真面目にこつこつ働く父の給料より高いお金を賭博で稼ぐことがどうして悪いのかと思うのである。カロジェロとソニーの関係は切れなかった。

それから八年が過ぎる。ロレンツォはバスの運転をしながら、息子を見かけると後部座席に座らせ、コミュニケーションを試みる。カロジェロは裏の世界に精通し、ソニーをもう一人の父親のように慕っている。Cという愛称で呼ばれ、一目置かれる存在になっている。不良仲間も多い。そのカロジェロが初めて恋をする。父が運転するバスで見かけた黒人の女の子だ。当時のイタリア人と黒人の対立的状況では付き合うことは難しい。

ブロンクスの青春物語

しかし、ソニーは「自分の思うように生きろ」といい、女性の恋愛心理を教え、デート用にクルマを貸してくれる。不良仲間が黒人街の焼き討ちに行くのに巻き込まれたときも、ソニーは力ずくでカロジェロをクルマから降ろす。

その後、襲撃に行った仲間たちは爆死する。命を助けられたカロジェロは感謝の気持ちを伝えるためソニーのもとに走る。パーティーの人混みのなかでソニーを見つけ、近づこうとする。遠くから笑顔で応えるソニー。その直後、ソニーは何者かに撃たれ、カロジェロはもう一人の父を永遠に失う。

カロジェロは二人の「父親」から人生の両面を学んだ。しかし、裏の世界に君臨するソニーの格好いい生き方より、実直にこつこつ働く父親の人生に真の価値があるとわかるまでには時間が必要だった。これに似た経験を持つ少年は案外少なくないかもしれない。家に出入りする親戚や知り合いのなかにソニーのようなタイプの人物がいて、妙にひかれることがある。

パルミンテリも回想する。「当時の自分は、イタリア系アメリカ人のなかでも、スーツに身を包み高級車に乗る男たちをタフガイとして憧れていた。長ずるに従って、毎日こつこつと働く賃金労働者が本当のタフガイであることを知った」。これはその選択をしなければならない一人の少年の成長物語だ。一九六〇年代という時代状況のなかで、家庭と親子関係をきっちりと見据えたこの作品は向田邦子の世界を連想させる。父ロレンツォを自ら演じたデ・ニーロも抑制的な演技で作品の世界をよく表現している。

（一九九四年一一月）

Radio

「僕はラジオ」 地域社会と障害者

マイク・トーリン監督 二〇〇三年 アメリカ 一〇九分

アメリカ南部の町の実話

実話に基づいた映画である。一九九六年、スポーツ専門雑誌ではアメリカ最大の発行部数を誇る『スポーツ・イラストレイテッド』が、ある記事を掲載した。それが全米の話題になり、マイク・トーリン監督もそれを読んで、是非、映画化したいと思った。

まだ人種偏見や障害者差別が強かった一九七六年のアメリカ南部サウスカロライナ州のアンダーソンという町での出来事だ。知的障害を持つ黒人青年と地元ハナ高校のアメリカン・フットボール（アメフト）コーチとの物語である。二人だけというより高校を含む地域社会の物語といった方が適切かも知れない。

監督はそのアメフトコーチ夫妻に会い、映画化を認めてもらった。夫妻が会ったのは、トーリン監督だけで、彼の意図と熱意と過去の作品からイエスと判断したようだ。

ラジオという黒人青年

ショッピングカートを引いている黒人青年（キューバ・グッディングJr）。買物帰りというのではなく、ショッピングカートにお気に入りのものを乗せて、ぶらぶら町中を歩いているといった感

「僕はラジオ」
DVD 好評発売中／1,429円＋税
発売・販売元：NBC ユニバーサル・エンターテイメント　（本書刊行時の情報）

じだ。彼は毎日のようにハナ高校のグランドに沿った道を通る。フェンス越しに高校生のアメフトの練習を横目で見ながら通り過ぎていく。

青年が知的障害者であるらしいことは一目瞭然だ。彼に関心を示す者は家族以外にはいないだろう。彼はうまく話すこともできない。体を小さくかがめ、あざけりやいじめを本能的に避けようとしている。

そんな彼をなぜか気にしている男がいた。アメフトコーチのハロルド・ジョーンズ（エド・ハリス）だ。

ある日、フェンスの外に転がったボールを青年が返そうとするのを、コーチはいいからとプレゼントする。別の日にはスポーツドリンクをプレゼントする。

次第に青年とジョーンズの距離が縮まり、会話を交わすようになる。名前はわからないが、ラジオが好きでいつも音楽を聴いているので、ラジオというニックネームをつける。その後、母親のマギーから名前は、ジェームズ・ロバート・ケネディと聞く。

ジョーンズは戸惑う生徒たちを説得し、ラジオをグランドに受け入れ、練習の世話係にする。他人と話せなかったラジオがやがてうちとけ、試合にも参加する。熱心に応援するラジオは町の人気者になる。純朴でナイーブなラジオは失敗したり、いじわるな生徒のいじめにあったりするが、悪意や偏見とは無縁の天使のようなラジオは逆に周囲を変えていく。ラジオは周囲の人々の心を癒《いや》し、救っていく。いじめた生徒も反省し、ひと回り成長する。

なぜジョーンズはそうしたのか

しかし、チームの成績が落ちたことから、不満を訴える保護者が出現する。学校は福祉施設ではない、正規の生徒ではないラジオは追い出すべきだと、理事会まで動かして、校長とジョーンズに抗議する。板ばさみになった校長はジョーンズに自戒を促す。ジョーンズはそれを最後まで突っぱね、やがてコーチを辞任する。ラジオの母親のマギーに、「どうしてそんなにまでしてくれるの」と聞かれたときは、ジョーンズはただ「正しいことだから」と答える。

ジョーンズがラジオの面倒をみるあまり、娘との関係に微妙な影が落ちつつあったとき、娘には真相を打ち明ける。新聞配達のバイトをしていた若かった頃、床の下に閉じ込められ、けもののような生活を強いられていた黒人の少年と目が合った。知的障害者だったからに違いない。何とかしないといけないと感じたが、その場から逃げるように去ってしまった。

遠い日のつらい思いは忘れようにも忘れられず、ジョーンズはラジオを見て、今度は逃げまいと心に誓ったのだ。この実話の後日談もユニークだ。名誉学生として授業にも出席するようになったラジオは、今もハナ高校に〝在籍〟しているのだ。

ラジオが学校や地域社会に受け入れられるまでは時間がかかった。ジョーンズがいなければ不可能だったろう。時代はまだ障害者の社会参加への理解が不十分だった。ラジオをチームの遠征に連れていかないのは、何か事故があったら困るという意識からだ。

現在はもちろん、そういうことは少ないが、ないわけではない。だから、この映画のメッセージは今日のわれわれの心に響くし、普遍的な人間精神のあり方を教えてくれる。ジョーンズの妻リンダを演じているデブラ・ウィンガーも映画を引き立てている。

アメリカの高校の運営や授業風景、保護者の関わり方などがうかがわれるのも興味深い。町の人々が理髪店に集まり、ハナ高校アメフトチームを応援、チームの強化や成績アップについて意見をたたかわすところも面白い。地域社会のコミュニケーションについて考えさせるところだ。映画には多くの住民がエキストラとして参加している。

（二〇〇四年一二月）

「マディソン郡の橋」

The Bridges of Madison County

大人の恋のリリシズム

クリント・イーストウッド監督　一九九五年　アメリカ　一三五分

ベストセラーの映画化

アメリカで六〇〇万部、日本で二〇〇万部という超ベストセラーの映画化作品。映画を見た当時、書店をのぞいたら奥付に九月一五日、八一刷とあった。筆者が買ったときは三〇刷だった。映画もヒットしたのでもっと売れたかもしれない。前から誰が監督し、誰が演じるかも話題になっていた。

監督・主演クリント・イーストウッドと聞いて、彼は物語の主人公ロバート・キンケイドのイメージに合わなくはないが、演じるのは年齢的に無理かと思った。キンケイドは五二歳の設定だが、イーストウッドは当時六五歳だったからだ。他方のフランチェスカ役のメリル・ストリープはほぼ同年齢だ。

原作はさまざまに評価されているが、苦労はしても欲しいものを直線的に手に入れるのがアメリカン・ドリームの達成、

写真協力　公益財団法人川喜多記念映画文化財団

「マディソン郡の橋」
Blu-ray 好評発売中／ 2,381円＋税
DVD 特別版好評発売中／ 1,429円＋税
発売・販売元：ワーナー・ブラザース ホームエンターテイメント （本書刊行時の情報）

アメリカ的サクセスストーリーのパターンだったのが、家族や地域社会への責任意識から個人的な幸福や恋愛感情を自制するという古典的な倫理観が共感を呼んだようだ。

それはキンケイドが、自らをほとんどすたれてしまった人種、最後のカウボーイの一人と認めているように、アメリカが失いつつあるもの、今ではある種の郷愁とともに語られるものと通底している。だからこの映画は、結婚式場から花嫁を奪い去るラストシーンで有名な一九六七年の「卒業」と対極的な作品といえる。映画は原作に忠実だが、物語を引き締め、同時にいくつかの映画的味付けを凝らし、上品な大人のラブストーリーに仕立て上げている。

母の恋と息子と娘

映画は過去と現在を往復する。母フランチェスカの死後、息子と娘は、母が火葬にして灰をローズマン・ブリッジから撒《ま》いてほしいという遺言を残していることに戸惑う。当地には火葬の習慣はないし、母は父と一緒に葬られるものと信じていたからだ。

ここから二四年前の母の秘密がたどられていく。屋根付き橋、ローズマン・ブリッジの撮影に来た当時五二歳の写真家ロバート・キンケイドと四五歳だった母が激しい恋に落ち、二人の人生を生きようとするが、家族のために諦め、すべてを胸の奥にしまい込んで、アイオワ州マディソン郡の農家の主婦として人生を終える。それが母の日記を読む形で進行していく。

息子は反発し、父や自分たちを裏切った母が許せない。息子にとって母の不倫は想像することさえできない。彼は今、妻とうまくいっていない。だからいっそういらいらするのだ。他方、自身が離婚の危機にあり、別居を決意している娘は、やや同情的な見方をする。こうして映画は、それぞれ問題を抱えている息子と娘の心情を反映しながら展開する。

母とキンケイドの四日間を知っていくにつれ、二人の心境は変化していく。この辺はシナリオに新たに盛り込まれた部分だが、彼らは母を許すとともに、家族への責任を果たしてくれたことに感謝し、遺言通り灰を出会いの場となったローズマン・ブリッジから撒いてやる。

永遠の四日間

息子と娘の視点が映画にリアリティを与えている。それによって一九六五年秋の永遠の四日間が宝石のように光ってくる。イタリアの田舎町からアイオワの農家に嫁いできたフランチェスカは、善良な夫と二人の子どもに囲まれ、平凡だが幸福な生活を送っている。しかし、彼女は若い頃に見た夢をまだどこかで追っていた。隣人もいい人たちだが、保守的なこの土地には完全になじめない部分がある。それでも、多分自分はここで生涯を終えるに違いないと思っている。

キンケイドはそうしたフランチェスカの心の隙間を埋める存在として登場する。それ以上に、彼こそ人生をともにすべき相手だとフランチェスカは確信する。「自分だと思っていた自分は遠ざかり、別の自分が現われる。しかし、それが本当の自分なのだ」。

キンケイドもいう。「今までの人生は君に出会うためだった。生涯一度の確かなこの愛に二人の人生を捧げよう」。フランチェスカは苦悩する。自分が去った後、この狭い田舎町で暮らさなければならない家族、妻に逃げられた屈辱に晒《さら》される夫と難しい年頃の子どもたち。遂にフランチェスカは断念する。「愛を永久にするために行かない。今の制約がなければ愛はなくなる。いつでもどういう選択をするかが人生なのだから」。自分に言い聞かせるセリフが続く。

中年男女の愛と別れの哀切を描いた名品といっていい。映像も音楽もクリント・イーストウッドらしいシンプルさとこだわりで楽しませる。第三の主人公ともいうべき屋根付き橋もそこはかとない郷愁を誘う。屋根は橋の耐久性強化が主目的というが、馬車に乗った恋人たちのデートスポットでもあったらしい。

（一九九五年一一月）

「ハクソー・リッジ」

Hacksaw Ridge

良心的兵役拒否と宗教

メル・ギブソン監督　二〇一六年　アメリカ・オーストラリア　一三九分

良心的兵役拒否者とは

第二次大戦時の良心的兵役拒否者が主人公、実話に基づいた映画である。アメリカでは建国時代から一定の厳しい戒律を持つ宗派の人々に良心的兵役拒否を認めてきたようである。宗教に関係なく、個人の信念や良心に基づく兵役拒否が認められるようになったのは、一九七〇年代、ベトナム戦争以降とされる。

この映画の主人公、デズモンド・ドス（アンドリュー・ガーフィールド）は兵役自体を拒否しているわけではない。敬虔《けいけん》なキリスト教であるセブンスデー・アドベンチスト派の教えに従い、武器を持って人を殺すことを拒否し、武器を持たない衛生兵として国家に貢献したいと考えている。

しかし、軍隊は武器を持ち、敵を殺すことを目的としているので、入隊したドスは臆病者、卑怯者、部外者とみなされ、いじめられる。それでもドスは挫《くじ》けない。通常は衛生兵でも護身用の拳銃やナイフは携行していたので、いっさいの銃に触れず、持たないという強い信念を持ったドスは特別な存在だった。

ドスは銃の訓練を終えていないとの理由で、休暇を取り消され、自分の結婚式に出席できなくなる。さらに命令拒否とされ、軍法会議にかけられる。同僚も上司も徹底してドスを部隊から放逐しようとする。そこに第一次大戦に従軍して悲惨な経験をしたドスの父親が現われ、兵役拒否には武器の所持の拒否が含まれるという明文の大原則を裁判長に確認させ、ドスは銃やナイフ、手榴弾などの武器を持たずに衛生兵の任務を遂行できることになった。

「ハクソー・リッジ」
Blu-ray 好評発売中／スペシャルエディション5,800円＋税
スタンダードエディション4,800円＋税
DVD 好評発売中／ 3,800円＋税
発売元：株式会社キノフィルムズ／木下グループ
販売元：株式会社バップ
（本書刊行時の情報）

ハクソー・リッジの激戦

ところでタイトルとなっているハクソー・リッジは、〝のこぎりの崖〟を意味するが、具体的には沖縄の前田高地である。首里地区防衛の重要拠点である前田高地は一四八メートルの断崖絶壁の上にあり、戦車の機動が不可能なため、攻略するには艦砲射撃の援護を受けながら、ロープのはしごで登るしかない。登っ

ても日本兵の奇襲や白兵戦で多くの犠牲者が出る地獄の戦場だった。

この戦闘は一九四五年四月一九日から五月九日まで続いた。日本軍は連合軍の本土上陸を少しでも遅らせる捨て石の作戦で、塹壕を掘って戦う持久戦をとった。スピルバーグの「プライベート・ライアン」をしのぐ、目を覆うばかりの凄惨《せいさん》な戦闘シーンが描き出される。

ここでドスは危険を顧みず、戦場を駆け回り、負傷兵の手当てをし、ロープで救出するのである。退去命令に従わず、戦場に一人残って、生きている負傷兵を探し回り、日本兵の攻撃をかわし、放置されれば確実に死んでいた仲間を、終夜を通じて救出した。まさに超人的な〝兵役〟だった。

崖下に退避していた味方は、次々とロープで下ろされてくる負傷兵に驚き、それがドス一人の仕事であることに驚愕《きようがく》する。命を救われた負傷兵はもちろん、ドスに偏見を抱いていた同僚や上司も、ドスこそが真の勇者であることを認めるに至る。

ドスはたった一人で七五人の命を救い、終戦後、良心的兵役拒否者としては初めてトルーマン大統領から名誉勲章を授与された。救われた中には、ドスを歓迎しなかった上司や敵だった日本兵も含まれていた。基本的にドスは敵味方を区別していなかったのである。

ドスの信念と実践

キリスト教には多くの宗派がある。戒律も多様である。もちろん多くの宗派が人を殺すことを禁じている。しかし、戦場でその教えを厳守するには、強い信念が必要である。映画はドスがどのようにして、その信念を形成したかについても丁寧に描いている。

ドスが育ったヴァージニア州の小さな町リンチバーグは自然豊かで、ドスは遊びの中で生命の貴重さを学ぶ。同時に弟とのケンカでつい弟を殺してしまいそうになったとき、自分の内部に潜む暴力性に愕然《がくぜん》とする。さらに戦争の後遺症で母に暴力をふるう父を見て、暴力に対する禁忌の信念が次第に強くなる。

戦争自体を否定することはできないが、自らは殺す側に立たない。もっぱら命を救う兵士がいてもいいとドスは考えた。アメリカでもドスは特殊な存在だったが、日本ではとうてい許されることはなかっただろう。

両足を失って瀕死の状態だったが、ドスに救われた兵士ラウルを演じたダミアン・トムリンソンは、実際に負傷して退役した経歴を持った俳優である。監督が敢《あ》えて彼を起用したのもリアリティを重視したからである。セットでは退役軍人から体験を聞く機会も設けられたという。

沖縄戦で米軍は一万四〇〇〇人の戦死者と七万二〇〇〇人の負傷者を出した。もちろん日本軍はさらに多く、民間人の犠牲も莫大《ばくだい》だった。この映画は沖縄戦をトータルに描いたものではなく、その合理性も非合理性も問うてはいない。ひたすらドスの信念と実践を描いている。

二〇〇六年に亡くなったドスは、真の英雄は大地に眠る人たちだとして、長い間、映画化を認めなかった。彼こそが真の英雄と考えられてつくられた映画である。

（二〇一七年六月）

Class Action

「訴訟」 訴訟大国の論理と倫理

マイケル・アプテッド監督　一九九一年　アメリカ　一〇九分

訴訟社会と映画

アメリカは訴訟大国で、経済面でのロスなど、さまざまな問題が指摘されているが、それだけ裁判が身近な存在になっていることも確かだ。とくに陪審制度の存在は大きい。弁護士は裁判官や検事、相手方の弁護士と渡り合うが、それ以上に陪審員に向かって話す。陪審員は普通の市民であり、市民が理解できる論理で主張する必要がある。法廷を支配するのはごく市民的な理念なのだ。弁護士や検事も隔絶した世界の住人ではない。

そこから法廷ドラマを素材にした多数の名作が生み出されてきた。たとえば、シドニー・ルメット監督のデビュー作はヘンリー・フォンダ主演の息詰まる陪審室のドラマ「一二人の怒れる男」だったし、また近年はポール・ニューマン主演でアル中弁護士が医療ミス裁判の過程で社会正義に目覚める秀作「評決」を撮っている。

コスタ・ガブラス監督「ミュージック・ボックス」も、弁護士である娘がユダヤ人虐殺の容疑をかけられた父を弁護するなかで、父の過去の実像を知っていくというものだった。アラン・J・パクラ監督の「推定無罪」や、バーベット・シュローダー監督「運命の逆転」も被告や検事に焦点を当てた法廷ドラマだった。アメリカではこうした法廷を舞台にした映画は今日も人気があるし、傑

写真協力　公益財団法人川喜多記念映画文化財団

作が少なくない。このマイケル・アプテッド監督「訴訟」も、ともに弁護士を職業にした父と娘の葛藤《かっとう》を描いた秀作である。

父と娘の法廷対決

マギー・ウォード（メアリー・エリザベス・マストラントニオ）は、父ジェディダイア・タッカー・ウォード（ジーン・ハックマン）と同じ弁護士だが、父とは別の道を歩いている。父は一九六〇年代からサンフランシスコで市民運動の先頭に立つ著名な社会派弁護士だが、家庭人としては問題が多く、女性関係で母エステルを悩ませるなど、娘の目には〝偽善者〟に映り、対立と憎悪の対象だった。

　マギーは家を飛び出し、企業専門の法律事務所に所属し、弁護士としての栄達を夢見ていた。そこに事務所の大手クライアントであるアルゴ自動車の欠陥車裁判が舞い込み、彼女はその裁判で昇進のチャンスをつかもうとする。しかし、クルマの突然の爆発で妻と子どもを亡くし、自身重傷を負って生涯クルマ椅子の生活を余儀なくされた原告の弁護士となったのは、父のタッカーだった。

母エステル（ジョアンナ・マーリン）は二人の対立を悲しみ、娘に担当を降りるよう懇願するが、マギーは聞き入れない。やがて公判が始まり、二人は法廷で対決し、一歩も譲らない。エステルは心労のあまり、脳血栓で急死してしまう。マギーは母の初めての願いを断ったことを後悔する。そして、久しぶりに実家で父と食卓に並び、古いアルバムなどを見て、一時は父と娘に平穏な時間が訪れかかる。しかし、それもアルバムに娘と母の親友でありながら、父が関係した女性が現れた瞬間に瓦解してしまう。

こうしていつも歯車が狂い、対立する父と娘の間に裁判を通して、新たな局面が発生する。裁判のカギとなる問題のクルマのテスト結果報告書をマギーの上司で恋人のマイケルが証拠隠滅してしまったのである。

対立から和解へ

この映画は裁判を通して、家族や親子のあり方を語っている。対立する父と娘の間に立って双方を諭し、和解させようとするエステルの存在も大きい。そのエステルとの出会いをタッカーが会葬者の前で披露するシーンは印象的だ。かつてタッカーがテレビで反共活動に狂奔するマッカーシー公聴会を見ていたとき、最前列の美しい女性が声を出さずに何か言っている。警備員に連絡し、彼女に電話してもらった。彼女は「マッカーシー、くたばれ！」と意識下のアピールをしていたのだ。タッカーはすぐ次の飛行機に飛び乗り、翌月結婚した。

もうひとつこの映画は営利優先、人命軽視の企業にモラルと価値観を問うている。アルゴ自動車は、左折信号を出しているときに衝突すると爆発するというテスト結果を知りながら、リコールせず、放置した。一七万五〇〇〇台のクルマを回収して修理する費用より、炎上事故を起こす確率の計算から、その訴訟費用の方が安いとわかったからだ。

人間ドラマとサスペンス。本格的な裁判風景。一九六〇年代と一九八〇年代の対立。小味のきいたセリフとエピソード。ジーン・ハックマンとメアリー・エリザベス・マストラントニオの好演。どこからも楽しめる映画だ。

（一九九一年一二月）

「シッコ」アメリカにはなぜ公的医療保険制度がないのか

Sicko

マイケル・ムーア監督・脚本・製作　二〇〇七年　アメリカ　一一三分

世界最強国の最貧医療制度

アメリカ銃社会の矛盾と問題点を告発した「ボウリング・フォー・コロンバイン」、ブッシュ大統領のイラク戦争を批判した「華氏９１１」に続くマイケル・ムーアの新作は、アメリカの医療制度を取り上げている。「シッコ」Sickoは「精神病者、倒錯者、狂人」などを意味する俗語である。

アメリカには公的な医療保険制度がなく、医療が市場原理に委ねられている。それが実に恐ろしい結果を招いている。冒頭に出てくる中年の大工の場合、健康保険を持っていないため、事故で指を二本切断したのに、薬指しか接合できなかった。それでも一万二〇〇〇ドルもかかるのだ。中指は六万ドルといわれて諦めるよりなかった。自分で傷口を縫い合わせている青年も登場する。

保険には入っていたが、保障が安い保険だったために、ともに病気になって自己負担額を払い切れない五〇代の夫婦は、家を失い、息子の家の片隅に遠慮しながら住まざるを得なくなった。保険会社が何かと理由をつけて保障してくれないために、重病の夫を失った妻や、保険を失えば高額な薬代が払えないので、死ぬまで働き続ける老人もいる。

悲惨なケースが次々と紹介されているが、急病で救急車を呼んだら、予約していないから保険が下りないといわれたり、そもそも救急車代がばか高く、保険に入っていても利用は躊躇《ちゅうちょ》せざるを

「シッコ」

Blu-ray 好評発売中／ 2,000円＋税

発売・販売元：ギャガ　（本書刊行時の情報）

得ない。入院料を払えない患者が病院のクルマで運び出され、路上に放置される光景には唖然《あぜん》とする。

アメリカは先進国で唯一、全国民を対象にした公的医療保険制度がない国である。一定規模以上の企業の社員には、福利厚生の一環として恵まれた健康保険が提供されるが、そうでない人は一〇〇パーセント自己負担して民間の健康保険に加入しなければならない。

しかし、保険会社は企業利益を上げるために、保険料を簡単には支払わないシステムでガードしており、専門家が患者の弱点や過失を探し出しては支払いを拒否する。医療の市場化・営利化そのものである。他方で保険に加入していない市民は四七〇〇万人に上る。

なぜこうなったのか

アメリカの健康保険制度を決定的に悪化させたのは、ニクソン政権である。それ以降、民間保険会社が医療によって利益を追求する制度が定着し、改革を唱える政治家は高額の献金攻勢によって沈黙を強いられてきた。たとえば、クリントン政権時には、ヒラリー・クリントンが政府運営の国民皆保険制度を提唱したが、保険業界の圧力で潰され、逆にヒラリーはその後、上院で第二位の献金受領政治家になった。映画に出てくる多くの政治家と献金の事実関係はショッキングであり、改革が簡単には進まない現実を物語る。

新聞報道などによれば、オバマやヒラリーなど次期大統領候補者（当時）がこぞって公的医療保険制度の導入を公約に入れ始め、下院には法案が提出されているが、実現は容易ではないだろう（二〇一〇年にはいわゆる「オバマケア」で一歩前進はしている）。これまでアメリカ政府は、公的医療保険制度は社会主義に導くというプロパガンダを流し、国民を洗脳してきた。しかし、ようやく、国民の多くがその矛盾に気づき始め、ムーア監督はその声をさらに大きくして、いっしょに立ち上がろうと訴える。

なぜこうなったのかには、アメリカ社会の閉鎖性もあるというのがムーア監督の認識である。アメリカ人の八〇パーセントがパスポートを持っていなく、アメリカ以外の国や国際社会に関心が薄い。資本主義、社会主義に関係なく、公的医療保険制度が普遍的なものとして定着していることに想像が及ばないのだ。

われわれへの警鐘

そのため、ムーア監督は医療費が外国人も無料の隣国カナダや、病院に来る交通費まで患者に返すイギリスや、手術で休んだ労働者にも給料が完全に支払われるフランスなどの驚くべき〝実情〟を取材し、アメリカ人の目を開かせようと奮闘している。

極めつけは、〝敵国〟キューバの理想的な医療システムだ。「9・11」事件で献身的な救助活動をして健康を害しながら、アメリカ政府の保護を受けられない救命員たちを連れて、監督はキューバに向かう。そこで救命員たちは無料で行き届いた治療を受け、感激する。アメリカだと一錠一二〇ドルの薬が五セント（六円）と聞いて患者は声も出なくなる。アメリカでは製薬会社も利益追求第一主義なのだ。

今回はムーア監督のこれまでの作品と比べて、抑制的だが、アメリカ国民に広く訴えるという目的は十分に達成されたと思われる。同時にこの作品は、病院窓口などの個人負担がじわじわと増加し、かつ医療分野を規制緩和して、混合治療や株式会社による病院経営など市場原理を導入しようとしている日本への警鐘ともいえる。

（二〇〇七年一一月）

「マイケル・ムーアの世界侵略のススメ」アメリカ社会を外から検証すると

マイケル・ムーア監督・脚本・製作　二〇一五年　アメリカ　一一九分

アメリカは世界ナンバーワンか

独自の過激なアポなし取材によって、「ボウリング・フォー・コロンバイン」(二〇〇二年)で出口のない銃問題を、「華氏９１１」(二〇〇四年)で混迷するイラク戦争を、「シッコ」(二〇〇七年)で矛盾だらけの医療問題を、「キャピタリズム～マネーは踊る～」(二〇〇九年)で金融財政と貧困問題を鋭く告発してきたマイケル・ムーア監督。

今回はアメリカ国内の諸問題をアメリカの外から考察している。ベトナム、レバノン、アフガン、イラク、シリア、リビアとアメリカが行ってきた戦争がことごとく失敗に終わり、手詰まりに陥ったアメリカ国防総省が、天敵であるマイケル・ムーア監督に相談し、米軍に代わってムーア自身が世界各国へ出撃するというユーモアあふれる設定である。

ムーアは星条旗を背負って、空母ロナルド・レーガンに搭乗し、最初のターゲットであるヨーロッパに向かう。アメリカ社会を支える諸制度や国民福祉水準がいかに素晴らしいものであるかを証明するのが目的である。それが証明できれば、アメリカ的価値観を世界に押し付ける理由が保たれるからである。

しかし、その意図は最初から挫折する。まず、イタリアでは、年間の有給休暇は八週間で、消化

「マイケル・ムーアの世界侵略のススメ」
DVD 好評発売中／ 1,280円＋税
Blu-ray 好評発売中／ 1,800円＋税
発売元：KADOKAWA ／ソニー・ピクチャーズ エンタテインメント
販売元：ソニー・ピクチャーズ エンタテインメント
（本書刊行時の情報）

しなかった分は翌年に繰り越しできる、育児有給休暇は五か月、一五日間の新婚旅行も有給休暇、会社の昼休みは二時間、などの情報に出会い、早々に降参する。「アメリカでは有給休暇はゼロ」と聞いて、イタリア人夫婦は絶句する。イタリアの方がはるかに国民生活優先で生きがいがあり、平均寿命もアメリカより長い。

学校給食がフルコース

次はフランスの小学校でムーアが給食をいっしょに食べるシーンだ。フランスでは食事も教育の一部と考えられており、食器はすべて陶器、デザート、チーズ付きのフルコースである。毎月、シェフは役人と栄養士とメニューを協議する。アメリカとあまりにも違うので、アメリカの小学校の給食（プラスチック容器とファーストフード主体）の画像を見せると、子どもたちは、信じられない、気の毒といった反応をする。

フィンランドでは私学も含めて大学まで学費が無料だ。アメリカの大学生がローンに苦しんでいるのと対照的である。ドイツもイタリアに劣らず、国民生活優先。一週間の労働時間は三六時間、労働者は一四時には帰宅、会社の役員の半分は従業員から選出、従業員の退社後に上司のメールは禁止、職

場でストレス過多の診断を受けた者は無料のスパ（温泉施設）に三週間滞在できるなどなど。ドイツでさらに注目されるのは、歴史教育の徹底である。アウシュヴィッツ強制収容所を見学し、生き残りの人の話を聞き、戦争を反省する。

リーマン・ショックでダメージを受けたアイスランドでは、銀行が軒並み破綻《はたん》するなかで、女性経営の銀行だけが黒字を堅持した。女性は堅実なものにしか投資しないからだとムーアは言う。金融崩壊後、七〇人近い銀行家が起訴され、有罪となった。逆に完全な男女平等政策が推進され、会社役員の四〇～六〇パーセントは女性でなければならなくなった。

このほか、ムーアはスロベニア、ポルトガル、ノルウェー、チュニジアを訪れ、アメリカとは異質な政策に出会ってショックを受ける。スロベニアも大学の学費は無料、チュニジアも激論の末、二〇一四年の新憲法で男女平等原則を確立した。

共闘の呼びかけ

映画はアメリカ国内では撮影されていない。アメリカ社会の諸問題解決の糸口は、アメリカ以外の社会の観察から可能であると呼びかけている。アメリカを絶対化せず、相対化することによって柔軟な国際関係や国民福祉向上の視点が得られると主張している。外国で素晴らしい政策が実現しているのに、なぜアメリカではできないのか。

実は、大学の学費無料化も男女平等も労働時間短縮もアメリカ発のアイディアだったのである。

アメリカはどうして逆の方向に進んでしまったのだろうか。各国の素晴らしい政策を参考にし、国内改革を進めていこうと、ムーアは訴えている。アメリカにないもの、不足しているものをクローズアップすることで、問題の所在と解決の方途を明らかにしている。極端な軍事優先の財政構造はその典型例だ。

これまでの作品のヒットの陰で、ムーアとその家族は絶え間ない脅迫に晒されてきたという。「キャピタリズム～マネーは踊る～」のラストの、「もう僕一人で闘うのは無理だ。今、この映画を観ているあなたたちも闘いに参加してほしい。今すぐに！」というムーアのメッセージは叫びでもあったのである。

ひるがえって、この映画に盛られたさまざまなヒントは、アメリカ以上に、わが国の問題改善・解決に当てはまるように思われてくる。労働時間に有給休暇、教育制度と学費負担、男女平等社会、歴史教育、刑事政策（ノルウェー）などである。宿題とテストを廃止して世界トップの学力になったフィンランドの教育をどう評価するべきなのか。いずれにしても、この映画はアメリカを追いかける時代が終わっていることを教えている。

（二〇一六年九月）

「カンパニー・メン」アメリカの企業風土と労働意識

The Company Men

ジョン・ウェルズ監督・脚本　二〇一〇年　アメリカ　一〇四分

リーマン・ショックとアメリカ企業

二〇一一年九月現在、アメリカの失業率は約九パーセントで高止まりしていた。オバマ大統領はこの後三年間で四四七〇億ドル（約三五兆円）を投じる計画を発表し、関連法案を議会に提出した。この高失業率はもちろん二〇〇八年のリーマン・ショックを引き金にするものだった。

この映画はリーマン・ショック後の厳しいアメリカ企業と社員の生活を描いているが、日本との相違には驚かされる。もともと日本のような終身雇用制とは縁が薄いアメリカ社会だが、リストラされると数時間以内に私物をまとめて会社を去らなくてはいけない。取引先や同僚にゆっくりあいさつする時間も与えられず、パソコン内のメールアドレスや電話番号もいっさい持ち出せないという。

これはアメリカの「柔軟な雇用市場」を背景にした企業風土で、もともと「社員あっての会社」という考え方は希薄で、社員はコマに過ぎない。社員もより高い年俸や待遇を提示されれば、躊躇なく転職するのが普通だった。しかし今日は、リストラされたら再就職は困難な状況だ。

経営陣は社員の生活を守ることより、株主の方を向いており、不況下で株価を上げるためには、大規模なリストラも敢えて断行する。映画の主人公、ボビー・ウォーカー（ベン・アフレック）は

「カンパニー・メン」
DVD好評発売中／3,800円＋税
発売元：日活、販売元：ハピネット
（本書刊行時の情報）

ある日突然、その渦に巻き込まれるのである。

奪われたエリートのプライド

ボビーはボストンに本社を構える総合企業GTX社のエリート社員で、三七歳の若さで販売部長のポストに就いた。年収は一二万ドル、郊外の邸宅に住み、ポルシェに乗り、週末はゴルフを楽しむ優雅な生活だった。

しかし、GTX社は株価を上げるために、赤字の造船部門を縮小して鉄道部門と統合する政策を決定し、六万人の従業員のうち、三〇〇〇人に解雇を通告した。ボビーもそこに含まれたのである。解雇手当は一二週間分しかない。その間に新しい仕事が見つからないと妻と二人の子どもを路頭に迷わせることになる。

さっそく就職支援センターに行き、職探しを始めるが、ボビーは楽観していた。面接にいってもプライドが邪魔をして話が進まない。解雇されたことも秘密にしたがり、ゴルフも同じようにやろうとした。

職探しが思うようにいかず、やがて解雇手当も切れかかり、ゴルフ会員費どころか家のローンも払えなくなる。冷静な妻のマギー（ローズマリー・デウィット）は家の売却を提案するが、ボビーはまだエリート意識が捨てきれず、聞く耳を持たない。

しかし、ようやくボビーも現実を受け入れるようになる。そりが合わなかった工務店を営むマギーの兄ジャック（ケビン・コスナー）に頭を下げ、建築現場で働かせてもらう。落ち込むボビーをマギーは、あなたには家族がいるじゃないの、と慰める。

絶望と希望の綱渡り

この映画のポスターは、綱渡りをしている男性と女性のサラリーマンを見上げるボビーたちという構図である。必死で戦う男たちとそれを支える家族や友人。象徴的な絵柄である。

やがて従業員にリストラ第二波が押し寄せる。今度は五〇〇〇人の規模だ。最高経営者のサリンジャーとタッグを組んできた造船部門のトップでナンバー2のジーン（トミー・リー・ジョーンズ）

までもが解雇される。

溶接工からのたたき上げで重役になったフィル（クリス・クーパー）も解雇される。彼は就職支援センターに通うが、前職と年齢に見合った仕事は見つからない。妻からは「近所に失業がばれるから、夕方六時まで帰らないで」といわれ、アルコールに逃避、ついに自らの命を断ってしまう。

ボビーやジーンやフィルは、仕事以上のものを失った。ステータスを失い、社会と家庭での居場所を失う。しかし、そこで自分を含めて人生を見つめ直す機会も与えられた。社会や家族との絆《きずな》の発見と自覚である。かつてのアメリカン・ドリームに代わる新たな価値観が模索されているようだ。

ジーンはさびれた造船所を見ながら、素朴なモノづくりから離れ過ぎたアメリカ企業への批判を強くする。人間関係や忠誠心や共同作業が少し前まではアメリカでも重要と考えられていた。彼は志を共にする友人たちと小さな会社をつくり、再出発する。

ジーンの視点と再出発に株価上昇や株主重視に陥ったアメリカ企業風土への問題提起が看取される。ジョン・ウェルズ監督は、本作が長編監督デビュー作だが、これまで「ＥＲ緊急救命室」や「ザ・ホワイトハウス」などのヒットＴＶシリーズの製作、監督、脚本に関わってきたベテランである。本作の脚本に魅せられて、ベン・アフレック、トミー・リー・ジョーンズ、クリス・クーパー、ケビン・コスナーというアカデミー賞スターが集まったことも話題となった。


（二〇一一年一一月）

「ビリーブ 未来への大逆転」

On the Basis of Sex

女性差別克服の航跡

ミミ・レダー監督　二〇一八年　アメリカ　一二〇分

一九五六年アメリカの現実

アメリカは人種差別では長く問題を引きずってきたが、男女差別は比較的早い時期にクリアしたと思っていた。しかし、そうではなかったことをこの映画（実話をもとにしている）で教えられた。一九五六年に主人公のルース・ベイダー・ギンズバーグ（フェリシティ・ジョンズ）がハーバード大学法科大学院に入学したとき、新入生五〇〇人のうち女性はたった九人で、女子トイレさえなかった。

さらに驚いたのは、男女平等社会実現への社会的責任があると思われる学部長までが、歓迎会の席で女子学生に、男子の席を奪ってまで入学した理由を話すように求めたことだ。男性は外で仕事、女性は家事と育児が当たり前で、夫の名前でしかクレジットカードをつくれなかった時代である。

ルースは一年上級のマーティン（アーミー・ハマー）と結婚し、娘も生まれていたが、突然マーティンがガンを宣告されたので、献身的に看病するとともに、彼の講義にもすべて出席し、ノートをまとめた。そのかいがあって、マーティンは回復し、無事卒業して、ニューヨークの弁護士事務所に就職が決まった。ルースは夫と離れないために、コロンビア大学に移籍し、一九五九年に首席で卒業する。

「ビリーブ　未来への大逆転」

DVD 好評発売中／3,800円＋税

発売・販売元：ギャガ

（本書刊行時の情報）

しかし、まだまだ女性の前には大きな壁があった。女性であることを理由に、弁護士事務所一三社連続で入社試験にはねられ、仕方なく、地区裁判所判事のリサーチ・アソシエイト（書記）になった。やがてラトガーズ大学、次いでコロンビア大学の教授となり、性差別と法を講義するなど、教壇から社会改革の声を上げ、弁護活動も行った。

転機となった税務訴訟

憲法ではすべての人間は法の下に平等と定められているのに、当時、男女不平等を認めた法律は一七八にも上っていた。ルースはそれらの矛盾をひとつずつ追及して勝訴し、改革を進めていった。夫のマーティンとは互いによく理解し合い、家庭生活も協力して営んでいたが、ある日、マーティンが見せた訴訟記録に目を奪われる。

それは女性が介護すると認められる税控除が、未婚の男性が母親を介護しても認められない事例だった。法律は親を介護するのは女性の役目と決めつけ、申請できるのは女性だけと定めていたのである。ルースはここを突破口と考え、無償で弁護を買って出る。そして、米国自由人権協会のメル・ウルフに協力を求めたが、「勝てるわけがない」と断られる。マーティンのボスも訴訟への関与は許すが、「絶対に勝てない」と断言する。そこでルースは女性の権利のために長年闘ってきた弁護士のドロシー・ケニオン（キャシー・ベイツ）にアドバイスを要請する。彼女も「社会が変わらないと法律は変わらない。今はまだその時期ではない」と協力を断った。

しかし、一五歳になった娘ジェーンがアクティブに集会などに参加するのに刺激を受け、社会は変わりつつあるとする渾身《こんしん》の訴訟趣意書を書き上げ、ケニオンに送る。その内容に感動したケニオンがウルフを説得し、ようやく訴訟態勢が整うことになった。

これに対して、旧体制を守ろうとする政府は、総力を挙げてルースを潰そうと対抗してくる。圧倒的に不利だった一九七二年のこの裁判で、ルースが五分三二秒の長いスピーチをするところがこの映画のクライマックスである。それは男女平等社会の扉を開くベルとなった。

法律は何のためにあるのか。法律が変わるとき、社会はとっくに変わっているが、そのタイムラグは半世紀にも及ぶことがある。時代や社会の変化を察知して、市民に無益な犠牲を払わせずに、法律を変えることこそが法律に関わる者の責任である。この映画はルースが若い頃で終わっているが、さまざまなことを教えてくれる。脚本執筆は実の甥《おい》だが、伯父マーティンの葬儀で弔辞を聞いたときに、脚本を書くことを決意した。彼は米国議会図書館で一九六〇年代から七〇年代にかけての伯母ルースのファイルを精査し、客観的でドラマティックな脚本を書き上げた。

八六歳で現役の最高裁判事

ルースは一九八〇年、四七歳のときに、カーター大統領によって控訴裁判所判事に指名され、一九九三年六〇歳のとき、クリントン大統領によって女性二人目の連邦最高裁判事に指名され、就任。現在も最年長の連邦最高裁判事として現役で活躍している。裁判官は終身制だが、もし彼女が引退すると、トランプ政権下では保守派の判事が選ばれるので、今でも四対五で劣勢のリベラル派がダメージを受けることになる。だから八六歳の彼女の健康が国民的な関心を呼んでいる。

かくも長い間、ルースが活躍できたのはなぜか。ルースはニューヨークの貧しいユダヤ人家庭に生まれ、さまざまな差別に遭ったが、「すべてに疑問を持て」という母の言葉に支えられ、困難に立ち向かった。夫のマーティンの協力もあり、弁護士になる夢を捨てず、アメリカの男女平等社会実現を推進する比類ないリーダーとなった。彼女は二〇一八年ギャラップ調査で、アメリカで最も尊敬される女性の第四位に選ばれ、RBGという三字イニシャルで知られる著名人である。「RBG 最強の八五歳」と題したドキュメンタリー映画も公開されている。

（二〇一九年七月）

第4章　文化、スポーツ、メディア

「ライ麦畑で出会ったら」

Coming Through the Rye

永遠の青春小説へのオマージュ

ジェームズ・サドウィズ監督　二〇一五年　アメリカ　九七分

『ライ麦畑でつかまえて』とは

この映画は現代アメリカの伝説的青春小説であるJ・D・サリンジャーの『ライ麦畑でつかまえて』（一九五一年）へのオマージュないしラブレターである。『ライ麦畑でつかまえて』は主人公がさっそうと活躍する青春小説ではない。その逆で、主人公のホールデン・コールフィールドは自意識過剰で不器用で世間知らずの高校生だ。しかし、その挫折体験と鋭い大人社会批判が時代を超えて若者たちの共感を呼んできた。

監督も感動した一人だった。高校時代に『ライ麦畑でつかまえて』を舞台化する許可を得ようと著者のサリンジャーとの接触を試みた。しかし、サリンジャーは世間の過剰な関心や詮索を逃れて、隠遁《いんとん》生活に入っていた。監督は誰にも無理といわれながら、トライを繰り返し、サリンジャーに会うことに成功する。

監督は、自分がハーバード大学に入学できたのは、謎の場所で謎の生活を送っていたサリンジャーを見つけて、話をしたという経験の珍しさのおかげといっている。この映画はその実体験に基づく自伝的なものである。

高校生ジェイミー

一九六九年、アメリカのペンシルベニア州。名門校クランプトンの高校生ジェイミー（アレックス・ウルフ）は周囲となじめない孤独な日々を送っていた。男子校で全寮制、マッチョなアメリカンフットボール部が幅をきかせていて、演劇部のジェイミーは軟弱とバカにされ、いじめにも遭っていた。

一発逆転のためにもジェイミーは、愛読している『ライ麦畑でつかまえて』の著者サリンジャーに会って上演許可をとり、ホールデンを演じたいと考える。教師に相談するが、サリンジャーが世間との交渉を一切断ち、隠遁しているのは有名なので、教師は賛成も反対もしない。

ジェイミーはある日、演劇交流校の女子ディーディー（ステファニア・オーウェン）に会い、舞台化を応援される。彼女も『ライ麦畑でつかまえて』の愛読者だった。ジェイミーはサリンジャーに宛てて手紙を書くが、返事は来ない。その手紙が盗まれ、寮内に回されて笑い物にされ、ジェイミーは襲撃さえ受けてしまう。タイプライターも壊される。

サリンジャーに会うか退学かに追い詰められたジェイミーをサポートしたのは、ディーディーだ。彼女は自分の運転でサリンジャーの家まで送って行くという。こうしてペンシルベニアからニューハンプシャーへの長い旅が始まる。一日目は夫婦を装い、モーテルに泊まる。

サリンジャーに会う

翌日、明確な住所を知らない二人は見当を付けた場所に近づき、住民や郵便配達の人に尋ねるが、みな知らないという。しかし、それが何となく不自然なので、ファンなどをサリンジャーに近づけないことが住民間で合意されていると察する。

思いがけず、ヒントをくれたのは子どもたちだった。最初は渋っていた母親も折れて、行き方を教えてくれた。二人はようやく林の中のサリンジャーの家にたどり着き、ベランダにいたサリンジャー（クリス・クーパー）に会うことができた。

サリンジャーは映画化にも舞台化にも反対であることを繰り返し、ジェイミーの願いには応じなかった。「君のような人が何人来たことか。わたしが断ることを知っていながら、なぜ来た。作中人物はわたしの子どもだ。映画化も舞台化も解釈が入り、変質してしまう。君は有望そうなので、自分の芝居を書きなさい」。

二人はさらに一泊して帰る。三日も無断外出したジェイミーに校長は、明日全員の前でサリンジャーに会ったことを話しなさい、そうでなければ退学だという。ジェイミーは兄のジェリーがベトナムで戦死したことを初めて語り、サリンジャーとのことを話す。

そして、けっきょく「ライ麦畑でつかまえて」が上演されるのである。ホールデンを演じたのはアメリカンフットボール部のリーダー、テッドだった。名シーンが再現される。最後は回転木馬に乗った妹のフィービーがホールデンに手を振っているところだ。上演は大成功だった。ジェイミーはテッドのクルマを借りて再びサリンジャーに会いに行く。

二〇〇〇年代になっても『ライ麦畑でつかまえて』は世界で年間二五万部も売れているという。世代や民族を超えてロングセラーになっているということだ。

小説でホールデンはときどき読者に向かって話しかける。映画でもジェイミーがカメラ目線になって観客に話しかける。小説の手法が援用されているのだ。監督の小説への傾倒ぶりがわかる。

（二〇一八年一一月）

「バックコーラスの歌姫《ディーバ》たち」

Twenty Feet from Stardom

モーガン・ネヴィル監督　二〇一三年　アメリカ　九〇分

バックシンガーとソロシンガーの距離

バックシンガーとソロシンガー

ソロシンガーを引き立てるバックシンガー。ミック・ジャガーやデヴィッド・ボウイ、レイ・チャールズ、マイケル・ジャクソン、スティングなどスーパースターたちを陰で支えたバックシンガーたちは、ソロのトップシンガーに劣らない実力を持ちながら、表舞台に躍り出ることはない。もちろん彼女ら、彼らの中にはソロシンガーを目指した者も少なくなかった。しかし、ソロシンガーとバックシンガーとの距離は遠い。この映画はバックシンガーに焦点を絞ったドキュメンタリーだが、原題はソロシンガーとバックシンガーとの短くも遠い距離を言い当てている。

伝説的なバックシンガーや高名なソロシンガーたちが登場し、インタビューに応じて、バックシンガーの世界について語っている。彼女たちの黄金期の歌声やステージが存分に楽しめる贅沢なドキュメンタリーである。同時に彼女たちの音楽観と人生も語られる。ソロシンガーとバックシンガーとの違いも説明される。たとえば、バックコーラスの一員として歌う時は、バランスを合わせるため、自分の個性を抑える。すると音が融和していい結果をもたらす。ソロシンガーに与える影響も大きい。一九六〇年代から広く起用されるようになったバックシンガーは、七〇年代になると音楽がより複雑で豊かになったので、コーラスも音楽的に洗練されていった。

© 2013 Project B.S. LLC

「バックコーラスの歌姫（ディーバ）たち」
DVD好評発売中／3,980円＋税
発売元：コムストック、販売元：NBCユニバーサル・エンターテイメント
（本書刊行時の情報）

七〇年代はベトナム戦争、公民権運動など政治の季節でもあった。歌に思想がこめられ、バックコーラスが歌う〝のり〟が重要になった。七〇年代イギリスのロック界ではバックシンガーをアーティスト、ミュージシャンとして扱い、自由にやらせてくれた。

四人の歌姫たち

ロックの殿堂入りをしたダーレン・ラヴは若いとき、バックシンガーとしてエルヴィス・プレスリーやフランク・シナトラ、ビーチ・ボーイズなどのレコーディングに参加した。「ローリング・ストーンズの選ぶ歴史上最も偉大な一〇〇人のシンガー」の八四位にランクもされている。

三人のヴォーカルで構成

する「ブロッサムズ」も人気を博した。しかし、自分の歌が他人名義で世に出されるなど、音楽界に翻弄《ほんろう》され、不遇の時代には家政婦をしたこともある。そのとき、ラジオから自分の声が流れてきて、歌手に復帰する決心をしたという。ロックの殿堂入りのあいさつで彼女は、人間には共に奏でる才能があると言っている。

リサ・フィッシャーも素晴らしい。バックコーラス・ヴォーカリストとしてデビューした彼女は、その後セッション・ヴォーカリストとして、スティング、クリス・ボッティ、チャカ・カーンなどの一流アーティストと仕事をしている。一九九一年リリースのソロアルバム「ソー・インテンス」がヒットし、翌年の「ハウ・キャン・アイ・イース・ザ・ペイン」でグラミー賞を受賞した。一九八七年からはローリング・ストーンズのセッション・ヴォーカリストとしてツアーに参加している。リサは歌唱力、表現力が抜群でソロとしても成功したが、「歌うことは分かち合うことで、競うことではない。自分を売り込むこともできなかった」という。

メリー・クレイトンは牧師の娘として生まれ、教会でゴスペルを歌っていた。彼女の魂がこもった歌声は、多くのソロシンガーとの共演で開花した。ダーレン・ラヴが結成した「ブロッサムズ」のメンバーも父が牧師で教会の聖歌隊で歌っていた。よくあるケースだった。メリー・クレイトンはソロ活動も行い、一九八〇年代以降は女優としても活躍している。

ジュディス・ヒルは若い日系アメリカ人ハーフだ。音楽の学位を取得して、シンガー・ソングライターとしてキャリアをスタートさせ、マイケル・ジャクソンのカムバックツアーのバックシンガーに採用されたが、マイケルの突然死でツアーは中止された。しかし、マイケルの追悼式典でリードヴォーカルの大役を務め、世界的な注目を浴びた。今もときどきバイト気分でバックコーラスをしている。

バックコーラスの今後

バックコーラスは若い黒人女性が圧倒的に多かった。かつては男性が興奮するようなきわどい衣装と振り付けを求められることもあった。その意味ではステージのアクセサリー的な役割を持たされることもあった。それを前記の四人を始めとする実力派バックシンガーたちが変えていった。

時代の推移とともに、音楽界にも変化が訪れ、バックコーラスにお金をかけることが少なくなった。必要とするミュージシャンやプロデューサーがバックコーラスを雇う時代になった。バックコーラスの優れた起用は、その歌の表現を豊かにし、聴く人の記憶にいつまでも深く刻まれるだろう。ミック・ジャガーは、リサ・フィッシャーを入れるとステージに色彩が生まれて華やかになったと言う。リサはソロシンガー、バックシンガーにこだわらず、ただ歌が好きだから歌った、歌は天職と言う。音楽に関する珠玉の言葉がちりばめられた魅力的なドキュメンタリーである。

（二〇一四年二月）

「人生の特等席」野球へのラブレター

Trouble with the Curve

ロバート・ロレンツ監督　二〇一二年　アメリカ　一一一分

老スカウトマンのこだわり

クリント・イーストウッド演じるガス・ロベルは、大リーグ、アトランタ・ブレーブスの名スカウトマンだ。何十年ものキャリアを持つ彼は多くの有望な選手を発掘し、球界に送り込んできた。彼は全米のローカル球場に足を運び、選手の体の動きやキレ、バットがボールを打つ音、ボールがミットに収まる音、バッターの球種への対応や癖、選手の性格や球場でのマナー、チームメートとの関係、家庭環境など、ありとあらゆる情報を収集、確認して選手の資質と将来性を見極め、球団に報告する。

しかし、ガスの伝統的なやり方は通用しにくい時代になってきた。若いスカウトたちは、パソコンを駆使し、豊富なデータから精密な分析をする。ガスの手法は時代遅れと批判している。他方のガスは、現場にろくろく行かず、データに頼るやり方には反対で、自分流を貫いている。しかし、ガスはもう用済みと考える球団幹部もいて、あと三か月の契約が更新される保証はなかった。

ガスは今年のドラフトで一番注目されている高校生バッターの実力を見定めるために、最後のスカウトの旅に出る。行先はノースカロライナだ。ガスのようなスカウトマンは、安モーテルに泊りながら全米を長期間旅行するので、家族はいつしか置き去りになり、家庭的には問題を抱えている

「人生の特等席」
Blu-ray 好評発売中／ 2,381円＋税
DVD 好評発売中／ 1,429円＋税
発売・販売元：ワーナー・ブラザース ホームエンターテイメント

（本書刊行時の情報）

ことが多い。

実はガスもその典型で、妻を早くに亡くしたため、ひとり娘のミッキー（エイミー・アダムス）を親戚に預け、ずっと疎遠になっている。ミッキーは自分が父に嫌われているのだと思って育ち、弁護士として成功した今もわだかまりを抱えている。ガスも娘を案じているのだが、小さい時に面倒をみてやれなかった負い目があり、対応がぎこちない。

カーブに難あり

そんな父と娘の間を取り持つのが、スカウト主任のピート・クライン（ジョン・グッドマン）だ。彼はガスの視力の衰えも見抜いている。上司だが、長年の仲間で親友でもあるピートは、ミッキーの事務所を訪れ、ノースカロライナへの旅に同行してくれないかと打診する。ミッキーは当惑するが、昇進に絡む重要な仕事を抱えており、断る。

しかし、結局、ミッキーは父のスカウト旅行に同行する。仕事はパソコンや携帯電話でしのぐが、次第に父の目になることに集中していく。ガスはだんだん聴力に頼るしかなくなっている。ローカル球場でお目当ての天才的高校生バッター、ボーが登場する。ガスはミッキーに指示を出し、球種への対応を観察させる。その結果、ボーはカーブを打てないことを見抜く。聴力と視力による総合分析である。そこには何人ものスカウトがいるが、誰も気づかない。アトランタ・ブレーブスの若いスカウトも、ボーにぞっこんだ。

ミッキーが並外れた野球通であるのも魅力だ。ガスがスカウトした投手で、今はレッドソックスのスカウトになったジョニー（ジャスティン・ティンバーレイク）よりよほど詳しい。ミッキーの名前自体が、歴史的な大打者ミッキー・マントルにあやかったという設定である。

そのミッキーが、ミットに収まる音から投手としての非凡な資質を発見した球場のピーナツ売り高校生リゴが、アトランタ・ブレーブスの球場でボーと対決するシーンが見ものだ。ガスは「カーブに難あり」として、ボーを推薦しなかったのだが、球団は若いスカウトたちに推されてボーを採用したのだ。

アメリカ人と野球

アメリカで人気がある三大スポーツは野球、バスケットボール、アメリカン・フットボールだ。その中で野球は裾野が広く、格別の人気がある。野球を題材にした映画は数知れない。しかし、スカウトを主人公にした映画はほとんどなかったのではないか。スカウトは重要な仕事で球団、球界に貢献し、選手の人生を左右するが、スカウト自体が脚光を浴びることはまずない。地味な縁の下の力持ちなのだ。

映画には本物のスカウトが六人も出演しているし、クリント・イーストウッドもスカウトの生活をリサーチした。この映画の第一の特徴はスカウトに焦点を当てたことにあるが、スカウトを通して、野球への思いをつづっていることも見逃せない。ブレーブス球団社長は本拠地ターナー・フィールドでの撮影を承諾したが、理由は脚本を読み、内容が野球へのラブレターだとわかったからだと言う。

映画のもうひとつの軸であるガスとミッキーとのこじれた関係も、野球を通して修復されていく。小さい時に父に連れられ、球場で遊んでいたミッキーには、しっかりとガス譲りの野球観察の遺伝子が根づいていたのである。邦題は意味がとりにくいが、原題は、Trouble with the Curve で「カーブに難あり」である。

（二〇一三年一月）

「ザ・ビッグハウス」巨大アメフトスタジアムの実態

The Big House

想田和弘監督　二〇一八年　アメリカ・日本　一一九分

「観察映画」を発展させる

アメリカ・ミシガン大学のアメリカン・フットボールチーム〝ミシガン・ウルヴァリンズ〟の本拠地の通称、それがビッグハウスである。一大学のスタジアムではあるが、全米最大の収容人数一〇万七六〇一人を誇る。試合開始前は楽団やスタッフを含めて一一万人以上になる。これは地元アナーバー市の総人口に匹敵する。これだけの巨大スタジアムが試合だけでなく、施設維持、危機管理を含めてどのように運営されているのだろうか。試合のたびに満員になるが、その実態はどんなものか。そんな疑問や好奇心から製作されたドキュメンタリーが本作品である。

しかし、ただのドキュメンタリーではない。監督がこれまで撮ってきた「観察映画」の方法論に立ったドキュメンタリーである。監督が二〇〇七年から製作してきた「選挙」「精神」などの「観察映画」は、被写体や題材に関するリサーチは行わない、撮影内容に関する打ち合わせはしない、シナリオは書かない、ナレーション、説明テロップ、音楽は原則として使わない、などの〝十戒〟が守られている。この作品は監督がミシガン大学の招聘《しょうへい》教授となったときに提案されて実現した企画で、監督を含めた教師三人と映像芸術文化学科の学生など一四人による計一七台のカメラで捉えられている。試合の日に全員で見学して、各自関心を持った撮影対象がかぶらないように調整し、

© 2018 Regents of the University of Michigan

「ザ・ビッグハウス」
DVD 好評発売中／ 3,800円＋税
発売元：東風、販売元：紀伊國屋書店　（本書刊行時の情報）

目の前にあるものをよく観察して素直に撮るという原則だけを確認、後は自由に任せた。これまでの観察映画の発展型ともいえる。編集は監督だけが行っている。

浮かび出たアメリカの縮図

一七台のカメラは試合以外のすべてを撮っている。試合前の軍隊行進のようなマーチングバンド、華やかなチアガール、国旗が掲揚され、起立しての国歌斉唱、厨房で時間と戦いながら大量の料理をつくる人々、それを売店へ運ぶ人々、けが人、病人に備えた多数のベッドなどの医療施設とスタッフ、多数の警備員、年間レンタル料六万ドル以上（約六七〇

万円）のＶＩＰルームから観戦する大口寄付者とその家族たち等々。

場外では全米各地からぞろぞろやってくる人々、ダフ屋、さまざまな物品販売者、アイスクリーム売りの黒人親子、パフォーマー、ストリートミュージシャン、宗教活動家。試合が終われば、場内では広大なスタンドの清掃作業、種々の点検作業、場外ではバスやクルマで帰る人々、空き缶拾いの人、ゴミ収集車。

そこから「観察」されるのは、ビッグハウスがアメリカの縮図だということである。アナーバー市は七五パーセントが白人の都市だが、アメリカン・フットボール（以下アメフト）観客のほとんどは白人である。対照的にキッチンで働く人々、清掃をする人々、物売りはほとんどが黒人である。カメラを構えた学生たちも、あらためてそうした事実に気づいていく。

もうひとつ見逃せないのは、ミリタリズムとの一体化である。試合を盛り上げるために米軍がスタジアム上空に戦闘機を飛ばし、パラシュート部隊が試合会場に降下してくる。それを大歓声で迎える大群衆。アメリカではデモクラシーと戦争が一体化しており、だれもそれを疑問に思わない。アメフトも疑似的な戦争の側面がある。

必要な巨大スタジアム

ビッグハウスで行われる試合は年間六～八試合で、チケット収入は約四四億円といわれる。しかし、それに全米のテレビ放映権料約五六億円、企業スポンサー料約二〇億円、ＶＩＰ観覧スイートルーム収入約九億円が加わり、ミシガン大学体育学部の予算は約二〇〇億円に上る。日本のプロ野球各球団の平均売上（約一二五億円）をはるかに上回るビッグビジネスであることがわかる。アメフト監督の年俸は約一〇億円に達する。

これらの財源や世界中にいる卒業生からの寄付が大学財政や充実した奨学金制度を支えている。そのシンボルかつマグネットとなっているのが、ビッグハウスとアメフトなのである。ミシガン大学は州立大学だが、州からの助成金はかつての七八パーセントから一六パーセントまでに低下しており、財政的に自立せざるを得ない状況にある。そこでビッグハウスが占める位置も役割も巨大であることがわかる。

二〇一六年秋に撮影された映画にはトランプ支持の宣伝車が走るシーンもある。ミシガン州や五大湖地方はかつて鉄鋼や自動車産業で栄えたが、その後衰退し、「ラストベルト」（錆びついた地域）と呼ばれている。これまでは民主党の支持地域だったが、二〇一六年選挙ではトランプに票をさらわれた。トランプが何度も遊説に来たのに対し、ヒラリーはそうしなかった。油断していたのである。裕福な白人やミシガン大学の学生や教員はヒラリーの当選を疑わなかった。しかし、映画に出てくる底辺労働者や黒人は違っていただろう。

監督はそうした政治的危機をにじませたラストシーンを提起したが、共同製作したミシガン大学学生らから異論が出て、数か月も協議した末にカットしたという。選挙の当事者である学生たちにとって、トランプ勝利の痛みが尋常のものではなかったことを物語る。

（二〇一八年八月）

「トゥルーマン・ショー」

The Truman Show

メディア支配社会の寓話

ピーター・ウィアー監督　一九九八年　アメリカ　一〇三分

演出された個人の人生

この映画の奇抜な構造とそのメッセージはショッキングだ。一人の人間が出生から結婚して家庭を築いている今日まで、すべてが実はテレビのプロデューサーによってつくられた世界に生きており、それがライブで世界中に放映されている。なぜそんな手の込んだことをするのか。プロデューサーのクリストフ（エド・ハリス）は映画の冒頭でいう。

視聴者はつくり物のドラマに飽き飽きしている。定番のホームドラマやＳＦＸによる派手な爆破シーンよりも、本物の納得できるドラマを求めているのだ。

そのため、フロリダ沿岸の島に中央制御で昼夜間はおろか天候も自在にコントロールできる巨大なドームで覆われた人工都市シーヘブンをつくり、そこの保険会社セールスマン、トゥルーマン・バーバンク（ジム・キャリー）を主人公にした番組「トゥルーマン・ショー」を二四時間ノンストップで全世界に向けて生中継している。視聴率は上々、視聴者一七億人が毎日、固唾《かたず》を飲んでトゥルーマンの一挙手一投足を見守っている。

シーヘブンは巨大なセットであり、トゥルーマン以外は俳優とエキストラだ。街やトゥルーマンの自宅のそこかしこに五〇〇〇台ものカメラが据え付けられ、どんな映像も逃さない徹底ぶりだ。

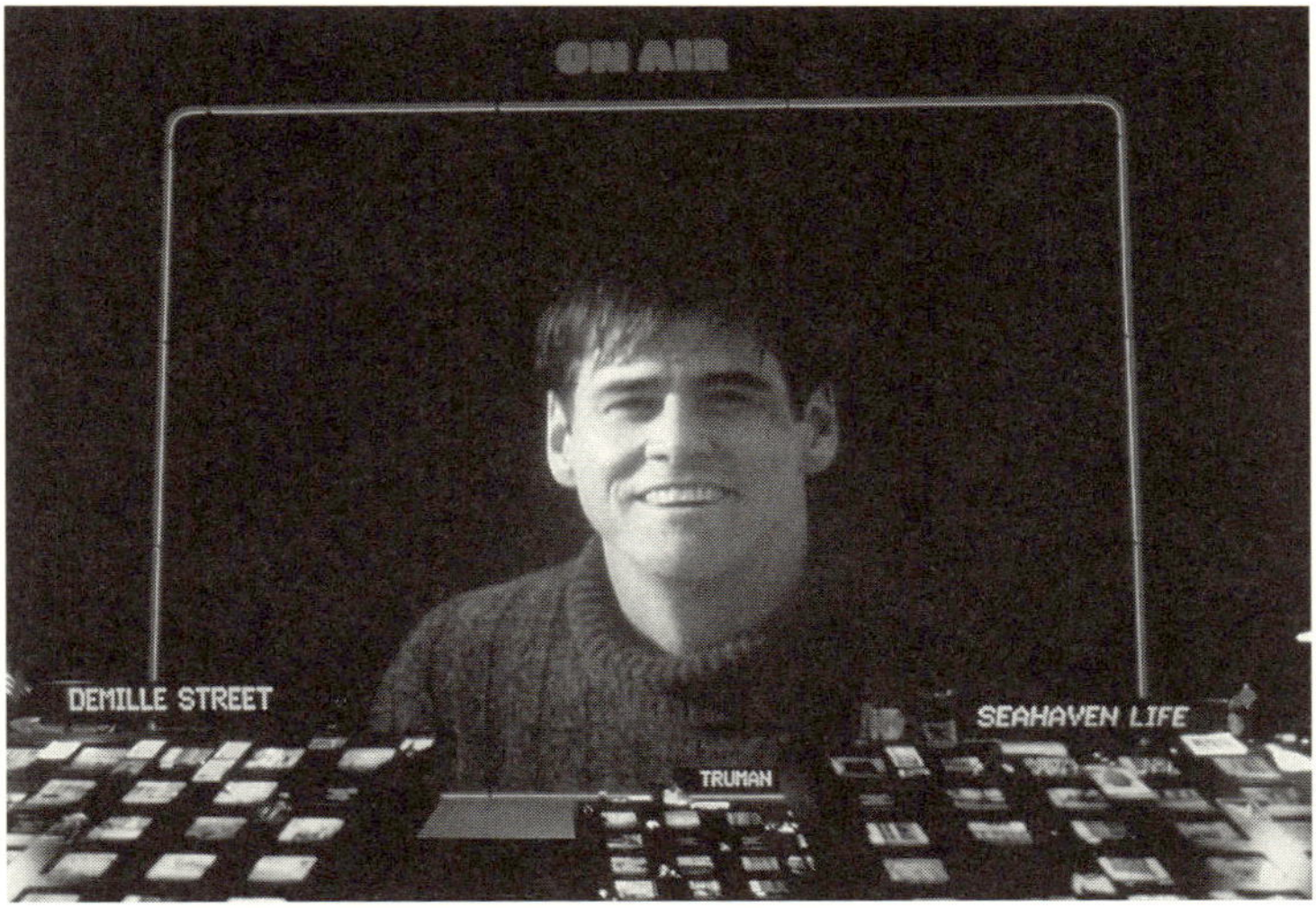

「トゥルーマン・ショー」

DVD 好評発売中／1,429円＋税　Blu-ray 好評発売中／1,886円＋税

発売・販売元：NBC ユニバーサル・エンターテイメント　（本書刊行時の情報）

妻や親友さえもクリストフの指示通り動いている。トゥルーマンをこの島に閉じ込め、この島では放映されず、トゥルーマンに不審を抱かせないシステムだ。この番組は三〇年間つづいており、放送回数は一万回を超えた。まさにマンモス番組だ。

トゥルーマンの疑問

しかし、この予定調和的な人工世界にもついにほころびが出る。陽気で快活なトゥルーマンも、さすがに疑問を抱き始めたのだ。自分の型通りの生活はどこかつくり物の雰囲気があり、自分を囲む俳優やエキストラの行

動には不自然な要素が否めない。妻は見えないカメラに向かって商品の宣伝をしているようだ。どうも妙な法則で周囲が動いている。空からカメラが降ってくる。

俳優やエキストラにも彼に同情する人が現れる。クリストフはそういった人物を排除し、植え付けられた水恐怖症を克服してヨットで島から脱出しようとするトゥルーマンに対しては、容赦なく人工の嵐を起こして阻止しようとする。それでも命も顧みず、脱出を試みたトゥルーマンが突き当たったのは人工世界のカベだった。つまり、巨大なドームの端でそこが本当の世界への入り口だったのだ。

トゥルーマンはようやくすべてを知る。生まれたときからトゥルーマンを見守ってきたクリストフは〝父なる神〟の言葉でトゥルーマンを引き止めようとするが、トゥルーマンを翻意させることはできない。視聴者ははらはらしながら一部始終を見て、トゥルーマンに喝采を送る。番組は終わったのだ。視聴者は別のより刺激ある番組を求めるだろう。

ブラック・ユーモアの構造

これは高度管理社会の寓話である。際限のない視聴率競争は数々のやらせや「ドッキリカメラ」スタイルの番組を生んできた。その程度は制作サイドと視聴者との微妙なバランスを反映するものだった。その行き過ぎが批判を受けたことも多い。しかし、「トゥルーマン・ショー」までくると、そこには明確なメディアの意志がある。

これがクリストフのいう究極のリアリティ・ドラマということになるのだ。主人公のトゥルーマンだけが知らないテレビドラマ。彼は意識せざる俳優だ。しかし、彼の全生活がカメラに収まっているからといって、「トゥルーマン・ショー」がリアリティ・ドラマといえるだろうか。

これには異論があり、メディアは万能ではない、個人の一生をコントロールするなんて不遜《ふそん》極まることで、全能の神ではないクリストフは明らかに逸脱している、と批判されるだろう。ただ、これを寓話として見るときは、そこに重層的な意味が見え隠れしていることに気づかざるを得ない。

われわれが毎日見ているテレビが果たして真実を公平に報道しているだろうか。何らかの価値判断の下に選択され、編集された画面を見ていることは確かだ。行き過ぎた視聴率競争や一定の意図によって無限に歪《ゆが》められていく可能性は誰も否定できない。テレビに映った映像だけが現実で、映されない現実はどんどん捨てられていく。映された映像や印刷された活字が一人歩きしていく。

クリストフがトゥルーマンに向かって「アイム・ア・クリエーター」というとき、クリストフは万能の神キリストになり、トゥルーマンは「真の人間」に位置づけされ、神と人間の闘争というこの映画の基本図式が浮き彫りにされる。クリストフはメディアや管理社会を象徴する絶対者である。「マスク」や「ライアー・ライアー」のコメディ界の寵児《ちょうじ》ジム・キャリーが前半と後半で陰と陽のキャラクターを好演している。

（一九九九年二月）

Spotlight

「スポットライト　世紀のスクープ」　宗教権力の地域社会支配

トム・マッカーシー監督　二〇一五年　アメリカ　一二八分

地域社会とジャーナリズム

アメリカ東部の新聞「ボストン・グローブ」の報道が地域と世界に衝撃を与えた実話に基づいた作品で、第八八回アカデミー賞作品賞・脚本賞に輝いている。ボストン・グローブは地域に根ざした新聞で、それゆえの問題も抱えていた。

アメリカ人の宗教別人口割合はプロテスタントが半数余りを占めているが、カトリックもほぼ四分の一に及んでいる。ボストン市は都市部市民の二〇〇万人以上がカトリック教徒という全米有数のカトリック都市である。カトリック教会は地域社会に深く浸透した巨大権力であり、ボストン・グローブにとってもアンタッチャブルの〝聖域〟と化していた。たとえばカトリック神父による児童への性的虐待が小さな記事になったことはあるが、深く追及されることはなかった。

記者はほとんど地元出身者で、定期購読者の五三パーセントがカトリック教徒という状況では、カトリック教会にメスを入れることは至難だった。地域社会に君臨する教会の隠蔽《いんぺい》工作は裁判所にまで及び、問題は示談で〝解決〟され、表沙汰になることはなかった。

しかし、二〇〇一年七月にボストン・グローブがニューヨーク・タイムズに買収され、地域にしがらみのないユダヤ系のマーティ・バロン（リーヴ・シュレイバー）が編集局長として赴任してき

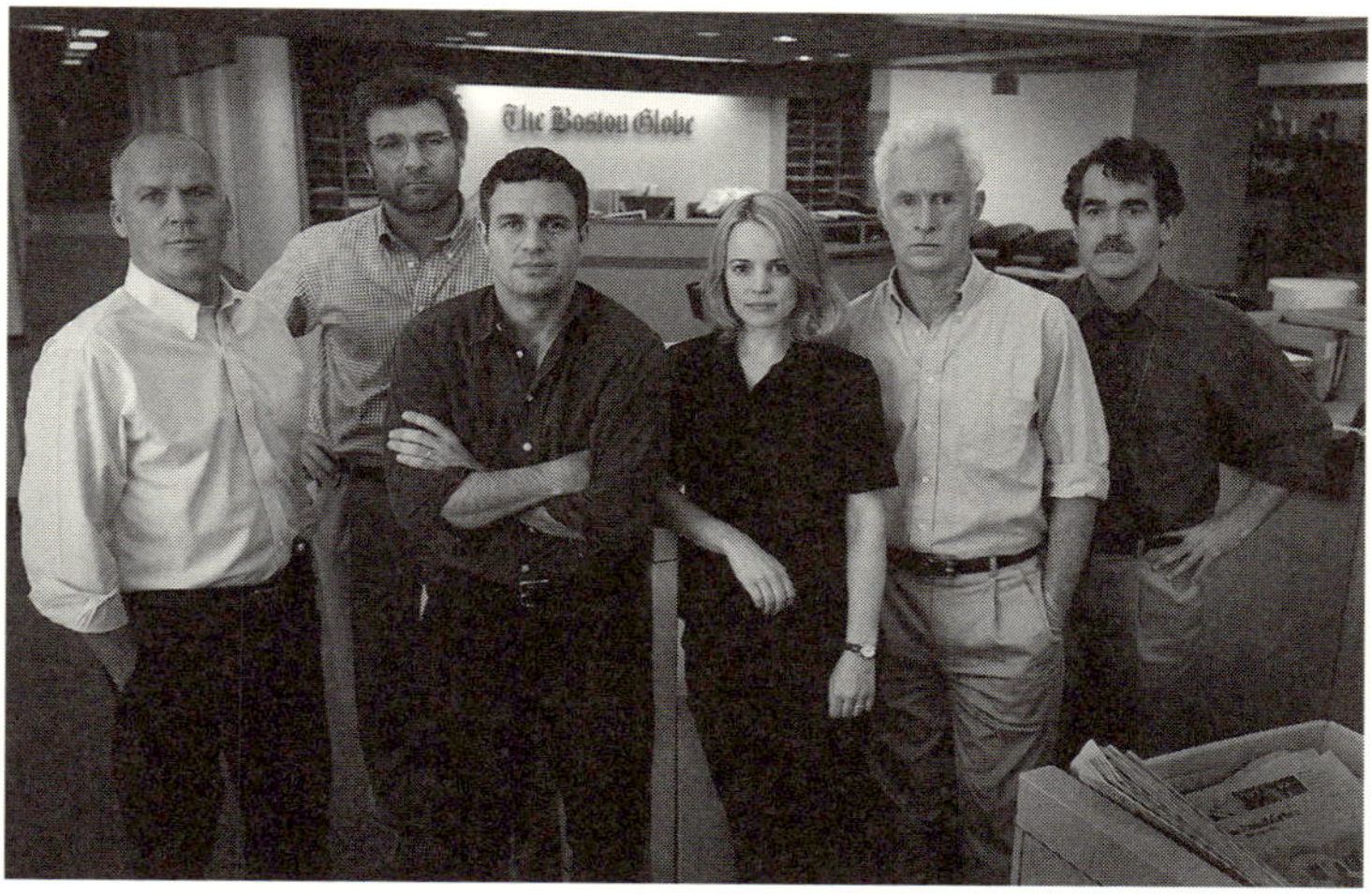

たときから状況は一変する。

バロンはインターネットの普及で危機を深めている新聞業界の活性化のため、インパクトのある記事が必要と考え、最初の編集会議で、埋もれていたゲーガン神父による児童への性的虐待事件の掘り起こしを命じたのである。ゲーガン神父が三〇年間に八〇人もの児童に性的虐待を加えていたとされる疑惑である。

巨大権力への挑戦

担当することになったのは、調査報道編集部〝スポットライト〟チームの四人。常に冷静なリーダーのウォルター〝ロ

ビー〟ロビンソン（マイケル・キートン）、行動力抜群の熱血漢マイク・レゼンデス（マーク・ラファロ）、地道に粘り強く取材する紅一点のサーシャ・ファイファー（レイチェル・マクアダムス）、データ分析担当のマット・キャロル（ブライアン・ダーシー・ジェームズ）である。

古参の記者ロビーは、最初は難色を示す。マイアミからきた地元の事情を知らないよそ者にかき回されたくないと思ったからだ。しかし、ポルトガル系移民の子孫で元タクシー運転手のマイクが興味を持って走り始め、やがてチームは一丸となって動き出す。

マイクは虐待被害者を支えるガラベディアン弁護士の事務所や裁判所に足繁く通い、重要な事実を掘り起こす。サーシャは取材を拒否する被害者に寄り添うように接触し、事実を聞き出す。マットは教会が発行した年鑑を調べ、虐待疑惑のある神父に関するある法則を発見する。

チームはいつも以上に慎重に行動し、確実な情報を摑《つか》むまで極秘に進める。これはロビーの指示でもあった。やがて、次々と恐るべき事実が明らかになってくる。マットの公式年鑑分析から、八七人の疑惑の神父が浮上する。彼らは病気療養や休職中などの名目で短期間のうちに教区の転属を繰り返していたのだ。

文字通り教会の組織ぐるみの犯罪だった。その陰で肉体的、精神的に虐待された子どもたちの中には信仰を奪われ、酒やドラッグに走り、自殺する者さえもいた。神父と親しくなることに無上の喜びを感じた子どもたちは、一転して地獄に突き落とされたのである。チームは「9・11」事件で取材を一時中断されるが、二〇〇二年一月にスクープ第一報が新聞の一面を飾る。

記事にしない責任

ボストンのカトリック教会が隠蔽した七〇人以上の神父による性的虐待に関する記事は、六〇〇本にも及んだ。二〇〇二年一二月、ボストン大司教区の枢機卿《すうききょう》は辞任し、イタリアに赴任した。その後、問題はアメリカ全土に広がり、六四二七人の神父が一万七二五九人を虐待したとして罪に問われた。国内だけでなく、世界一〇二の教区での犯罪が明るみに出された。

ボストン・グローブ紙は二〇〇三年、ピューリッツァー賞を受賞した。本作はそれを忠実に映画化している。監督や脚本家は関係者に詳細に取材し、セリフも実際の言葉をもとにつくられている。服装も記者の行動様式もチームワークもそのままで、脚色や誇張は一切ない。

ジャーナリズムの大きな使命に権力の監視と暴走の阻止がある。ボストンの場合は宗教権力の闇の暴走だった。それが政治権力よりも複雑なのは、教会が地域住民の精神生活を支配しているからだ。教会を守ろうとする多くの善良な人たちがいる。ボストン・グローブは彼らを敵に回すことも覚悟しなければならなかった。

マイクが取材相手から、「これを記事にしたら、誰が責任をとるんだ」と問われ、「では、記事にしない場合の責任は?」と問い返した素晴らしいセリフも事実そのままという。（二〇一六年一一月）

「シチズンフォー　スノーデンの暴露」　失われるプライバシーと自由

Citizen Four

ローラ・ポイトラス監督　二〇一四年　アメリカ・ドイツ　一一四分

スノーデンの告発

二〇一三年六月、国家による一般市民の情報監視の実態が内部告発され、全世界に衝撃を与えた。アメリカの二大情報機関であるＣＩＡ（中央情報局）とＮＳＡ（国家安全保障局）の職員だった二九歳の若者、エドワード・スノーデンによる告発である。

アメリカ政府は一般市民の電話やメールの内容など、膨大な通信データを収集・分析していた。その手法はアップル、グーグル、フェイスブック、マイクロソフトなど大手ＩＴ企業サーバーに直接アクセスするものだった。つまり、ＩＴ企業が政府に協力し、情報提供していた。「９・11」の同時多発テロ以降、政府の国民情報管理が歯止めなく進行していたのである。

国内だけではなく、ドイツのメルケル首相やフランス大統領、ブラジル大統領など各国首脳の携帯電話まで盗聴されていた。安倍首相の電話も盗聴されていた。ＮＳＡは世界中の電話や通信データの大半が経由するアメリカ全土に傍受施設を設置し、情報を収集、蓄積していたのである。それらの情報は、協定によって「ファイヴ・アイズ」といわれるアメリカ、イギリス、カナダ、オーストラリア、ニュージーランドで共有されていた。

このスノーデンの内部告発のプロセスをカメラに記録したのがポイトラス監督である。スノーデ

「シチズンフォー スノーデンの暴露」
DVD 好評発売中／3,800円＋税
発売元：GAGA
販売元：松竹

（本書刊行時の情報）

ンから秘密裏の打診があり、それが驚くべき内部告発に関わるものであると知って、彼女は当初、現場の記録のみを考えていた。しかし、次第にスノーデンを中心にしたドキュメンタリーの作成を目指すようになった。

彼女はカメラを回しながら、インタビュアー、語り手になっている。こうして彼女にとって、この仕事はイラク戦争、グアンタナモ収容所に続く第三のドキュメンタリー作品となった。彼女自身、二〇〇四年イラク取材以来、アメリカ政府の監視対象となり、帰国するたびに捜索を受けている。

シチズンフォー（四番目の市民）はスノーデンがポイトラスに接触したときのコードネームである。ＮＳＡを内部告発したのは、スノーデンが初めてではなく、過去に三人いたからである。その三人は努力したが、組織に潰され、退職を余儀なくされた。それを見ていたスノーデンは、潰されずに告発を遂行するための準備をした。

映画の冒頭で、シチズンフォーから監督へのメールのひとつが示されている。解読されないための予防対策や提供情報の公表などについての注意や確認である。文書を公表すれば、スノーデンの関与が疑われるが、公表を優先する意志も明らかにされている。

エドワード・スノーデン氏。英紙ガーディアン提供（AFP＝時事）

ドキュメンタリーの衝撃

監督がシチズンフォーからの依頼で、旧知のジャーナリストであるグレン・グリーンウォルドらとともに香港に赴いたのは、二〇一三年六月三日だった。ホテル・ミラ香港の一室での独占インタビューが実現した。同時に匿名だったシチズンフォーがエドワード・スノーデンであることがわかる。そして彼が語る驚くべき告発の一部始終がリアルタイムで記録されていった。一方でNSAの追及がスノーデンに迫ってきたため、グリーンウォルドは急いで記事をまとめ、六月五日、契約していた英国紙ガーディアンに最初の記事を掲載する。

当然、このスクープは大反響を巻き起こした。そして、六月一〇日、スノーデン自身が告発者であることを明らかにし、間もなくロシアに亡命する。アメリカ政府はスノーデンをスパイ罪で告訴しており、帰国すれば、裁判で重罪を科せられる可能性があった。

しかし、スノーデンは一般的なスパイのように、国家機密を外国政府などに売り渡したのではない。何より監視されているアメリカ国民、そして世界中の人々に知らせようとしたのである。グリーンウォルドの記事を掲載したガーディアン紙は、ピューリッツァー賞を受賞した。グリーンウォルドが著わした『暴露　スノーデンが私に託したファイル』も世界二四か国で同時刊行され、ベストセラーとなった。

自由を奪われる恐怖

政財界の機密が世界規模で暴露、スクープされる事件が続いている。ウィキリークス事件（二〇一〇年）にスノーデン事件、そして二〇一六年のパナマ文書事件である。これらの大事件のなかで、情報が告発、暴露される瞬間を捉えて映像化されたのは、スノーデン事件だけである。

スノーデンが多大な危険を冒してこの行動に踏み切った背景に、変革や平和を掲げて当選したオバマ大統領（大統領任期は二〇〇九～一七年）が、ブッシュ政権以上に政府の情報管理体制を強化し、ドローン攻撃を容認してきたことなどへの幻滅があったといわれている。核兵器削減・廃絶の挫折を含め、オバマ大統領の八年は何だったのかと考えさせられる。

このドキュメンタリーは第八七回アカデミー賞長編ドキュメンタリー賞を受賞し、世界で四〇もの映画賞に輝いた。出資者も内容やタイトルを聞かされないまま協力し、ガーディアン紙もイギリス政府の圧力を受けながら報道した。この映画は、国家権力が国民の情報監視を進めるとき、失われるのは、国民のプライバシーと自由であることを教えている。

（二〇一六年八月）

「ニューヨーク公共図書館　エクス・リブリス」知性と民主主義の砦

Ex Libris : The New York Public Library

フレデリック・ワイズマン監督・製作・編集・音響　二〇一七年　アメリカ　二〇五分

図書館の概念を超える

ドキュメンタリーの名手、フレデリック・ワイズマンがニューヨークにある文化施設の中で最も重要といわれているニューヨーク公共図書館の運営や舞台裏をガイドしたドキュメンタリー作品である。公共図書館の一般的なイメージは、本の貸し出しを中心とした各種サービスであろう。しかし、ニューヨーク公共図書館はそうした概念をはるかに超えるものである。

最初に映し出されるのは、人気企画《午後の本》で、世界的ベストセラー『利己的な遺伝子』の著者であるイギリスの進化生物学者・動物行動学者リチャード・ドーキンス博士のトークである。このイベントは出入り口に近いところで開かれ、誰もが気軽に参加できる。

次は電話対応している司書たちだ。いわゆるリファレンスサービスである。ユニコーンについての質問に丁寧に答えている。問い合わせは年間三万件という。

以上は図書館サービスとして珍しいものではない。しかし、次のマークス館長が民間支援者に語りかけているシーンは、ニューヨーク公共図書館に特有のものだ。ニューヨーク公共図書館は財源の約半分をニューヨーク市から、残りを民間から得ている公民協働の独立法人なのである。民間の支援が欠かせないことを民間支援者に訴えている。公立図書館というより、公共図書館と呼んだ方が正確なのである。

ニューヨーク公共図書館はマンハッタンの五番街が四二丁目と交わる交差点にある。入口の両サイドにライオンの像がある。一九一一年に完成したボザール様式の古典的なビルだ。人文科学、社会科学、美術、地図など世界有数のコレクションを誇る。

ニューヨーク公共図書館はニューヨーク全域をカバーする機関ではない。同様の図書館にブルックリン公共図書館とクイーンズ公共図書館がある。しかし、ニューヨーク公共図書館は八八の地域分館と四つの研究図書館を擁する一大図書館ネットワークであり、市民生活全般に密着した存在となっている。

就職支援プログラムまで

ジェローム・パーク分館で行われているのは子どもたちの教育プログラムで、担当しているのは、ボランティアスタッフである。チャイナタウンに近い分館では、中国系住民のためのパソコン講座もある。市民のネット環境を改善し、デジタルディバイド（インターネット等を利用できる人とそうでない人との間に生じる格差）を減らすこともニューヨーク公共図書館の大きな目的である。来館しなくても年間延べ三三〇〇万人がネット経由で利用しているという。自宅にネット環境がなければ、接続機器の貸し出しもある。もちろんすべて無料である。

点字・録音図書館では、点字の読み方、打ち方などをボランティアが指導している。研究図書館のひとつ、舞台芸術図書館ではピアノコンサートやアーティストのパフォーマンスがあり、ブロンクス分館では就職支援プログラムが実施されている。履歴書の書き方や面接指導もある。

このように市民生活のさまざまな局面にニューヨーク公共図書館が関与している。監督は解説やナレーションなしに、実際の場面を淡々と映し出し、われわれをその現場に立ち会わせる。図書館運営の基本方針や問題に対処するための幹部会議、スタッフ会議も何度か映されている。そこではニューヨーク市との折衝の問題、利用増進方法、活字本と電子本の関係、ホームレスへの対応、次年度の課題などが論じられている。

映画は三時間二五分と長く、各シーンも十分に時間をかけて伝えられている。監督が作品のテーマに必要な長さと考えている結果だ。それは撮影を許可してくれた人たちへの責任であり、作品を単純化しないためであると監督は言っている。

民主主義の柱

この映画は、ニューヨーク公共図書館の驚くべき多様な活動を教えてくれるが、同時に図書館のあり方や将来像についても大きなヒントを与えてくれる。ニューヨーク公共図書館は子どもの教育、成人教育、調査、研究、アート、ダンス、演劇、映画、人種間関係、身体障害、移民問題などニューヨーク社会のあらゆる問題につながっている。

純粋な公立施設であったら、予算の範囲内でしか活動は期待できないだろう。公民連携施設であるからこそ、問題の掘り起こしや民間の支援が可能になる。その過程でニューヨークのすべての階級、人種、民族がニューヨーク公共図書館とつながりを持ち、民主主義が実現される。この意味でニューヨーク公共図書館はコミュニティセンター、カルチャーセンターであり、民主主義の柱であると監督はいう。

アメリカのような多民族・多文化社会には、不可欠な施設といえるが、多民族・多文化社会であることがこの図書館の活動を促してもいるようだ。アンドリュー・カーネギーは全米各地に図書館をつくったが、それは彼が経済的に成功しただけではなく、自分がスコットランド移民であることを忘れず、成功させてくれたアメリカという国に報いる要素があった、ということにうかがわれる。

（二〇一九年八月）

第5章　政治、統治、権力批判

「ザ・シークレットマン」

The Secret Man

大統領の犯罪を内部告発

ピーター・ランデズマン監督　二〇一七年　アメリカ　一〇三分

ウォーターゲート事件とは

以前、ワシントンを訪れたとき、ウォーターゲート・ビルを眺めたことがある。アメリカを揺るがした大事件があったとは思えない平凡で地味な中層のオフィスビルだった。

事件の発端は一九七二年六月一七日、ビル内の民主党全国委員会本部に盗聴器を仕掛けようとした犯人五人がワシントン市警に逮捕されたことだ。犯人は元ＣＩＡやＦＢＩの職員だった。共和党の現職リチャード・ニクソンと民主党のジョージ・マクガバンによる大統領選挙の一三三日前のことである。

この事件の背後には何かがあると考えたのは、ＦＢＩの副長官マーク・フェルト（リーアム・ニーソン）だった。逮捕者は当時、ホワイトハウスの警備関係者だったからだ。ＦＢＩ（連邦捜査局）は独立機関であり、捜査に許可は必要ないはずだが、伝説のフーバー長官死去の後任となったグレイ長官代理は、四八時間以内に捜査を完了するように指示する。グレイは元司法次官補でディーン大統領法律顧問とも近いので、すべては事件をもみ消したいホワイトハウスの意向であるとフェルトは推察、次いで確信する。

ここからフェルトの極秘の行動が始まる。表面上は長官代理やホワイトハウスに従って部下を指

揮しながら、懇意のタイムズ紙記者サンディ・スミス（ブルース・グリーンウッド）に捜査内容をリークし、世論に訴えるよう要望する。ワシントン・ポスト紙の若い記者ボブ・ウッドワード（ジュリアン・モリス）にもリークする。

世論は盛り上がり、焦ったニクソン政権とグレイ長官代理はリークした犯人探しにやっきとなる。疑いをかけられたＦＢＩのスタッフは地方に飛ばされたりする。ワシントン・ポスト紙記者は匿名の情報提供者に〝ディープ・スロウト〟という呼び名をつける。

ニクソンの再選と辞任

政権への疑惑は膨らみつつあったが、ニクソンは再選を果たす。グレイも長官代理から正式に長官に任命される。フェルトのポストもＦＢＩのダーティな仕事を担当してきた宿敵・サリバンに代わるようだ。フェルトは長官になる希望を断たれたことよりも、ＦＢＩが政府の意のままの機関になることを憂え、次の行動に出る。慎重に行動しながら、公衆電話からワシントン・ポスト紙記者に情報をリークする。

ウォーターゲート事件がニクソン大統領再選委員会とも関係していたこと

がわかり、議会に特別調査委員会が設置される。一九七三年には連日、議会公聴会の討論がライブで全米に流されるに至った。ニクソン大統領が事件を捜査していた特別検察官を解任したことで疑惑はさらに深まり、ニクソン政権の不正工作が次々に明らかにされ、下院はついに大統領弾劾決議を可決した。

フェルトは一九七三年六月に、三一年勤務したＦＢＩを五九歳で退官した。ニクソン大統領が任期途中で大統領を辞任したのは翌七四年八月九日である。任期途中の辞任は初めてのケースだった。一方、フェルトは反政府組織に対する不法捜査を指示したことで七八年に起訴され、八〇年に有罪判決を受けたが、翌八一年にレーガン大統領の特赦《とくしゃ》で赦免されている。

フェルトはなぜ内部告発したか

フェルトは立場上、ニクソン政権で行われていた汚職や不法行為を知っていた。ウォーターゲート事件以降もニクソン政権は、事件に関する一連の報道はデマだと発表し、ＣＩＡはそれを受けて捜査を中止した。ＦＢＩも捜査打ち切りを命じられたが、フェルトは応じなかった。真実を突き止めるまで捜査を続行すると部下の捜査官たちに語っている。

フェルトを演じたリーアム・ニーソンは、国の行く末を案じ、最高権力の腐敗を暴き、膿《うみ》を出すことを、フェルトは義務と感じたのだと思うと言っている。フェルトの内部告発は正義の行為であったが、密告を禁じるＦＢＩの規律には反していた。そのジレンマに悩み、〝ディープ・スロウト〟が自分であることを明らかにすることはなかった。

しかし、ウォーターゲート事件から三〇年以上も過ぎた二〇〇五年にフェルトはそれを明らかにした。すでに九二歳の高齢で、認知症の気味もあったが、弁護士の説得に応じて雑誌に公表したのである。

仕事人間だったフェルトは家庭的には問題を抱えていた。娘は家を出て行き、妻は心労からアルコール依存症、双極性障害になり、自殺している。フェルトは決して強靭《きょうじん》な正義漢ではなかったが、FBIが本来の任務から離れて政権の道具にされていくのは見逃すことができなかった。それは自分自身の否定でもあったからだ。

フェルトの行為はマスコミを通じて大きな世論を起こし、権力の暴走を阻止することができた。アメリカでは司法や議会のチェック機能に加えて、マスコミなど市民社会の権力監視機能が健在であることを教える映画である。

リーアム・ニーソンは、存在感は巨大だがその姿が見えない人間になりきり、マーク・フェルトを演じきった。風貌も物腰もフェルトにそっくりといわれている。同じ題材を記者の立場から描いた一九七六年、アラン・J・パクラ監督「大統領の陰謀」と合わせ鏡のような作品である。

（二〇一八年五月）

「声をかくす人」

なぜ戦時に法は沈黙したか

The Conspirator

ロバート・レッドフォード監督　二〇一一年　アメリカ　一二二分

リンカーン暗殺事件

一八六五年四月一四日にリンカーン大統領が観劇中に暗殺された。一八六一年にリンカーンが第一六代大統領に就任した直後に勃発した南北戦争が、事実上終結した五日後のことだった。確かに南部の首都リッチモンドは陥落し、南軍のリー軍司令官は降伏した。しかし、まだ南部では戦争は終わっていなかった。各地で小競り合いが続いていたのである。

こうした混乱した時期に国家統合の象徴であるリンカーン大統領を失ったことは、北軍指導層の危機感を募らせた。政治的不穏感を一掃するためにも、暗殺に関わった者たち全員を極刑にすべきという声が高まった。捜査の指揮をとったエドウィン・スタントン陸軍長官（ケビン・クライン）は、戦時という理由で、一般市民を強引に北部の軍事法廷で裁くことにした。

このために犠牲になったのが、犯人たちに宿を提供した下宿屋の女主人メアリー・サラット（ロビン・ライト）だった。一般市民は軍事以外の罪であれば、通常の法廷で裁かれるべきだったのである。彼女はアメリカで初めて死刑になった実在の女性として知られている。翌一八六六年には最高裁が戦時でも民間人を軍事裁判にかけることを禁じている。

メアリー・サラットは混乱期の政治状況下で犠牲になった悲運の女性として知られているが、その裁判の実相はどうだったのか。ロバート・レッドフォードはその理不尽な裁判劇を忠実に再現している。

戦時に法は沈黙する

暗殺直後に共犯者八人が逮捕された。主犯の有名な俳優ジョン・ウィルクス・ブースは逃亡中に射殺され、メアリーの息子ジョン（ジョニー・シモンズ）は逮捕を免れ、逃亡していた。メアリーの容疑は、犯人たちにアジトを提供したことだった。弁護人となったのは、元北軍大尉で英雄の誉れ高かった新進弁護士フレデリック・エイキン（ジェームズ・マカヴォイ）である。

彼は民間人を軍事法廷で裁くことには反対の元司法長官の弁護士、ジョンソン上院議員（トム・ウィルキンソン）に頼まれ、押し切られる形で弁護人を引き受ける。フレデリック自身、大多数の北部の人々と同じく、犯人たちに怒りと憎しみを覚えており、親友も恋人も反対する中でのしぶしぶの弁護活動になった。

しかし、裁判が進むにつれて、フレデリックの考えは変化していく。有罪が前提にされた裁判で、被告に有利な証言は潰され、検察側の証人の証言はウソで固められていた。判事は九人とも陸軍長官配下の北軍将校たちだった。〝戦時に法は沈黙する〟の典型例である。フレデリックは事件の詳細を調べ直し、正しい裁判に戻そうと努力する。

そのためにメアリーの証言が必要だったが、彼女は自分の無罪を主張したほかは、いっさい沈黙を守った。フレデリックは彼女の無実を信じたが、彼女は重大な秘密を抱えていることも察する。映画ではそれは息子のジョンを守るためだったことが暗示されている。息子は俳優ジョン・ブースのファンだったのだ。フレデリックの主張と抗議にもかかわらず、陸軍長官の実質的な訴訟指揮で被告人全員に極刑が下される。フレデリックはメアリーの助命嘆願のために可能な手続きをとるが、それも実現せず、処刑の日がくる。息子のジョンはついに姿を現さなかった。

南北戦争の深い悲劇

この映画は南部と北部を合わせて六二万人もの戦死者を出した南北戦争の悲劇をあぶり出している。文字通りの総力戦で、女性も動員された。北部からも南部からも何千人という女性看護師が従軍し、男装の女性兵士も参戦したといわれる。また、戦争を後方支援しつつ、家庭を守るのが女性の責務と考えられた。

メアリーは息子のために沈黙を守ったが、息子には捨てられる形になった。処刑後に現れた息子は無罪になる。フレデリックと会った息子は、フレデリックこそが本当の息子だといい、メアリーがフレデリックに預けたネックレスをフレデリックに渡す。

映画はこのフレデリックにアメリカの良心を投影している。彼は裁判の後、法曹界を去り、ワシントン・ポスト紙の初代社会部部長になったが、一八七八年、四〇歳前に心臓病で亡くなったといわれる。彼はワシントンの墓地に葬られ、忘れ去られていたが、二〇一二年六月、「サラットの会」の尽力で、墓石が建てられ、顕彰された。

リンカーン暗殺事件にはさまざまな陰謀説もあるが、監督は史実に残された資料に沿って正確な映画をつくることに集中している。当時、写真が発明され、記録があったことも幸いした。女性たちが残した日記や手紙も含め、広範囲の膨大なリサーチが行われた。衣装や家具はもちろん、建物や照明も当時を彷彿《ほうふつ》とさせている。当時のワシントンの街の再現も興味深い。レッドフォード監督らしい良心的な映画である。原題は、The Conspirator（共謀者）。ハリウッドで長く眠っていた未製作作品だった。

（二〇一二年一月）

W.「ブッシュ」大統領になってはいけなかった男

オリバー・ストーン監督　二〇〇九年　アメリカ　一三〇分

ブッシュと大統領職

四〇歳までは何をやってもダメな男だったブッシュがなぜ大統領になれたのか。彼がエール大学やハーバード・ビジネススクールに入学できたのも、レガシー・ティップという身内に同大学出身者がいれば成績が悪くても入学できる特権を利用してのことだった。軽犯罪で逮捕されても、女性問題でこじれても、たちどころにパパ・ブッシュが救ってくれた。

酒浸りで仕事も長続きせず、長男なのに名門ブッシュ家の鼻つまみ者だったブッシュが、変身したのは、一九八八年にパパ・ブッシュの大統領選挙を手伝ってからだ。六年後の一九九四年に〝家業〟を継ぐ決心をして、テキサス州知事に当選、九八年に再選される。そして、「神の預言」を受けて、二〇〇〇年、五四歳のとき大統領選に挑戦、民主党のアル・ゴアを破って当選する。僅差当選の陰には、ブッシュ陣営の不正選挙をもみ消したフロリダ州知事だった弟ジェブの存在がある。選挙結果自体に疑惑があったといわれたくらいだ。

ともあれ、なぜ、ブッシュは大統領になれたのか。ひとえに名門で財力に富むブッシュ家の出自だからであり、それ以外の要因はない。ブッシュ家はもともと東部エスタブリッシュメントだったが、パパ・ブッシュの父、つまりブッシュの祖父が賢明にも東部と南西部（テキサス）双方の地域資本を取り込む戦略をとり、アメリカ史上二組しかいない父子大統領を産んだといわれる。

しかし、「神の預言」というのはどこまで信用できるのか。ストーン監督は、根底にエディプス・コンプレックスがあるという。パパ・ブッシュに認められたい一心で、チャレンジしたのである。さらに湾岸戦争でフセインを完全に打倒しなかったことが、父が再選できなかった原因と考え、父をしのぐためにはフセインを仕留める必要があると思った。

つまり、政治哲学や国家戦略、政策理念などとは、まったく別次元のアプローチで大統領になったのが、ブッシュである。そして、いかにも軽薄な大統領が実現し、世界からも自国からも史上最低の大統領とみなされ、辞めたとたんに忘れ去られたのである。

ブッシュ政権の風景

しかし、この映画は、マイケル・ムーアの「華氏911」のようにブッシュを茶化したり、辛辣《しんらつ》な批判や告発を加えたりはしていない。事実に即し、むしろ同情的に淡々と大統領ブッシュを描いている。それでもときに滑稽で信じがたく見えるのは、それがブッシュ大統領の実像だからである。

ブッシュ政権のメンバーの様子にも愕然《がくぜん》とさせられる。たとえば、イラン、イラク、北朝鮮を「悪の枢軸」と〝命名〟するときの会議は、緊張感もなく、騒がしいホームルームのようだ。そして、誰かが日独伊三国同盟を持ち出し、枢軸に決定される。

イラク攻撃の口実となった大量破壊兵器がついに発見されず、その善後策に追われる会議では、責任がたらい回しされ、堂々めぐりするのみ。ブッシュは苛立《いらだ》ち、誰が責任者なのだと大声を上げるが、チェイニー副大統領もラムズフェルド国防長官もパウエル国務長官も沈黙だ。会議自体に重さがなく、世界の安全と平和に大きな影響力を持つホワイトハウスに理念や哲学や基本的戦略があったのか疑問に思えてくる。勢いと見込みで開戦したとすれば罪深すぎる。

聡明なはずのライス大統領補佐官も、正論が一方的に無視され、ブッシュに媚《こび》を売るような発言しかしなくなる。パウエル国務長官も正論にこだわるが、ことごとくチェイニー副大統領と対立し、政権内部に一致した理念や方向性を打ち立てることができない。

メンバーを演ずる俳優は、本人のコピーではなく、似ている感じでメーキャップ、演出されているので、妙なリアリティがある。一方、シナリオは相当のリサーチに裏づけられており、セリフには思い当たるところも多い。ともあれ、ホワイトハウスが八年間もこんな政治文化だったことに驚かされる。

ブッシュとオバマと日本

ブッシュを大統領にしたことを後悔させられたアメリカ国民は、倫理的にも資質・能力的にも対照的なオバマを選んだ。イラク戦争のみならず、地球温暖化問題でも世界の大ブレーキ、お荷物となったアメリカも徐々に変化していくだろうか。しかし、失われた八年は大きい。この映画は、およそ映画化する魅力のまったくない人物を、敢《あ》えてスクリーンに登場させ、代表（大衆）民主主義の危うさを警告したところに意味がある。

オバマに何ができたかは別にしても、たとえば彼は歴代大統領では考えられない核兵器廃絶の理想を掲げ、ソフトパワーで世界をリードするなど、自らの言葉で大胆、重厚、知的なメッセージを送ったという面があった。彼のような政治家こそが本来の政治家であることを、この映画は教えている。ひるがえって、日本はなぜオバマを求めないのかを考えると、オバマのような政治家がいないだけでなく、一国のリーダーに何を求めるかの国民的合意が未形成だからだろう。

（二〇〇九年八月）

付記：オバマ八年の後にトランプ政権が誕生したことを考えると、アメリカ政治の振り子の揺れ幅が大きくなっているように思われる。

Shock and Awe.

「記者たち　衝撃と畏怖の真実」報道の自由と真実の報道

ロブ・ライナー監督　二〇一七年　アメリカ　九一分

大量破壊兵器とイラク戦争

イラクの大量破壊兵器所有がイラク戦争の発端となった。しかし、それが事実でなかったことは、今では誰も知っている。しかし、当時はニューヨーク・タイムズやCBS、ABCなど大手メディアが軒並み政府発表に迎合した。政府発表を精査し、批判するメディアはなかったのか。

一社だけあったのである。それは三一紙の地方新聞を傘下に持つ中堅新聞社ナイト・リッダーだった。ワシントン支局長のジョン・ウォルコット（ロブ・ライナー）は、ジョージ・ブッシュ政権が本当にイラク侵攻しようとしているかどうかの調査取材を、二人の記者に命じる。ジョナサン・ランデー（ウディ・ハレルソン）とウォーレン・ストロベル（ジェームズ・マースデン）である。

二人は中東問題や安全保障の専門家、政府職員や外交官らへの地道な取材を実施した。その結果、ビンラディンとイラクのサダム・フセイン大統領がつながっている証拠は発見されないにもかかわらず、アメリカが本気でイラクとの戦争に突入しようとしていることが明らかになる。

しかし、二〇〇二年一月二九日の一般教書演説でブッシュ大統領は、アメリカは民主主義国家としてテロとの闘いを継続する、イラクは大量破壊兵器を保持するテロ支援国家である、と非難した。この大量破壊兵器の保有を口実にしてイラク侵攻にかじを切った政府方針に、大手メディアは迎合

「記者たち 衝撃と畏怖の真実」
DVD 好評発売中／ 3,800円＋税
Blu-ray 好評発売中／ 4,700円 + 税
発売元：ツイン
販売元：松竹　（本書刊行時の情報）

したのである。

孤立するナイト・リッダー

政府方針に真っ向から反対の論陣を張ったナイト・リッダーは傘下の新聞社に掲載を拒否され、記者たちは身内からも非難される。ナイト・リッダーは世間の潮流から孤立するが、支局長のウォルコットは信念を変えなかった。「他のメディアが政府の広報に成り下がるなら、やらせておけばいい。われわれは、わが子を戦争にやる者たちの味方なのだ」と部下を激励した。

取材態勢を強化するために、ウォルコットはベトナム戦争の取材経験を持ち、パウエル国務長官（当時）のスペシャルコンサルタントを務めていたジャーナリストのジョー・ギャロウェイ（トミー・リー・ジョーンズ）を招聘《しょうへい》する。彼のパイプで情報源が国務省、国防総省、上院議員、中東専門家、安全保障専門家などに拡大し、信憑性《しんぴょうせい》のある情報が集まってくる。

イラク戦争はアメリカが暴走したばかりではなかった。イギリスも日本も追従した。多数のイラク国民が犠牲になり、アメリカ兵士も犠牲になった。映画には「9・11」の同時多発テロやアフガニスタン戦争を見て軍に志願し、イラクに移動して一週間後に移動中の輸送車が爆撃され、二度と歩けなくなった元陸軍上等兵が議会の委員会で証言するシーンがある。

政権内で平和の最後の砦《とりで》と見られていたパウエル国務長官もＣＩＡの情報の一部を認め、戦争開始を阻止することはできなかった。こうしてナイト・リッダーが孤立無援で闘う中で、ブッシュ政権はイラク戦争に突き進んだのである。

報道と民主主義

映画の冒頭に「多様で独立した自由なメディアこそアメリカの民主主義にとって重要である」というメッセージが入っている。監督はベトナム戦争に続いて二度もウソを根拠にした戦争が行われたことを憂慮し、イラク戦争に至った過程をどう映画で検証できるかを考えてきた。そして、ドキュメンタリーでナイト・リッダーの四人のチームの存在を知り、映画化に取りかかった。

四人の記者たちは今もワシントンで現役記者として活躍しており、映画製作に全面協力した。撮影セットに立ち会い、出演者の質問に答えてくれた。ウォルコット支局長を監督自身が演じているが、予定の俳優が撮影前に降板したので急遽《きゅうきょ》、代わりに演じることになった。監督とは思えないほど、リーダー役を好演している。

監督は、国民が真実を知ることが許されなければ、民主主義は存続しないという危機感を抱いている。自分の映画はそのようなメッセージを伝えるためにあるという。真実を知る自由と、政府や権力の影響を受けない報道をどう確立していくかというメッセージが込められている。

映画の製作中にトランプ大統領が誕生し、メディアをフェイクニュースだと攻撃し始めた。FOXニュースやシンクレア、ブライトバートなどは政府寄りになったが、CNNやワシントン・ポスト、ニューヨーク・タイムズなどは政府を批判している。変化はあるものの二〇〇一年のアメリカ合衆国愛国者法成立以来、政府を批判すると非愛国的とみなされる空気がなくなったとはいえない。
しかし、アメリカでは、政府や権力の暴走を阻止するナイト・リッダーのような良心的メディアは健在であり、アメリカ社会に復元力を与えている。本作品は娯楽性も備えながら、その現実を切り取っている。

（二〇一九年六月）

「JFK」大統領暗殺の真相に迫る

オリバー・ストーン監督　一九九一年　アメリカ　一八八分

アメリカ国民とケネディ大統領

ケネディ大統領が暗殺された一九六三年一一月二二日のことはよく覚えている。筆者はストーン監督と同じハイティーンだった。はじめての衛星中継でケネディ大統領は日本国民に向けて日米友好のメッセージを送るはずだった。すでにビデオ撮りもされていたが、それは幻のフィルムとなってしまった。代わりに届いたのは、テキサス州ダラスで彼が凶弾に倒れる、予想もできないショッキングな映像だった。

オープンカーからジャクリーン夫人とともに歓迎する市民に手を振っている大統領、突然の銃声、倒れる大統領、彼をかばおうとするジャクリーン夫人、蛇行してスピードを上げるオープンカー、悲鳴、逃げ惑う群衆。それらのひとコマひとコマがつい昨日のことのようによみがえる。

一九六一年一月に就任したばかりの第三五代大統領ジョン・フィッツジェラルド・ケネディ（JFK）はこうして四六歳の若さで歴史の人となってしまった。アメリカにはまだケネディ神話が残っている。ギャラップが一般市民を対象にした最近の世論調査によると、現在大統領であってほしい人物の第一位は群を抜いてJFKで、以下フランクリン・ルーズベルト、トルーマン、レーガン、リンカーン、カーターとつづいている。また、JFKが暗殺されなかったら、アメリカ社会は変わ

「JFK」　（本書刊行時の情報）
Blu-ray 好評発売中／1,905円＋税
発売・販売元：20世紀フォックス ホーム エンターテイメント ジャパン

ったかという設問でも、イエスが六五パーセント、ノーが二三パーセント、わからない一二パーセントとなっていてＪＦＫへの期待の大きさをうかがわせる。

ＪＦＫはなぜ消されたのか

テレビ時代にマッチした清新なイメージと巧みなスピーチ。ニューフロンティア政策を掲げ、国民の歓呼に迎えられた若くて優秀な大統領ＪＦＫが、なぜ暗殺されたのか。公式的にはオズワルドの単独犯行とされ、国家機密の重いベールが被せられた。

しかし、当時からオズワルドの単独犯行説には無理があり、多くの矛盾や反証が闇に葬られているという指摘や批判があった。その背後にあったものは何だったのか。

ストーン監督は、「サルバドル　遥かなる日々」で中南米政策を、「プラトーン」「七月四日に生まれて」でベトナム政策を検証するとともに、鋭い批判を投げかけてきた。ＪＦＫ暗殺当時一七歳だったストーン監督は公式発表を信じ、以後ＪＦＫのことは忘れていたが、八〇年代に入ってこの映画の原作となったジム・ギャリソン「ＪＦＫ―ケネディ暗殺犯を追え」や、ジム・マース「クロス・ファイア」などによって、あらためて事件への関心を呼び起こされた。

ＪＦＫ暗殺をめぐる著作は六〇〇を超えるといわれるほど謎が謎を生み、アメリカ国民の深い関心事となってきた。ストーン監督はギャリソンの著作の映画化権をとるとともに膨大な公式、非公式の資料に当たり、シナリオ作成にとりかかった。

しかし、当時地方検事だったジム・ギャリソンが複数犯説を発表して捜査に乗り出したとたん、さまざまな妨害や脅迫にあったように、ストーン監督もシナリオの第一稿を盗まれたり、マスコミの総攻撃を受けたり、有形無形の妨害と脅迫にさらされたという。ＪＦＫ暗殺が「未解決の世紀の謎」であると同時に、その謎解きがタブーとされる現実があるということである。

映画が喚起するもの

映画は基本的にジム・ギャリソンの原作に沿い、ジム・ギャリソンをケビン・コスナーが演じている。それに架空のキャラクターを加えるとともに、実写やモノクロのニュース映像を交え、それらのシーンはトリミングを変え、粒子の荒い映像に仕上げるなど、ドキュメンタリータッチに処理している。

ＪＦＫ暗殺はＣＩＡ、ＦＢＩ、シークレット・サービス、ダラス警察、軍部のなかの狂信的反共主義者と政府外協力者による組織的なクーデターだった。主な理由は、キューバ侵攻の中止、ベトナムからの米軍撤退計画、ＣＩＡの権限縮小、公民権運動の擁護などＪＦＫの政策で、オズワルドは周到な計画下でおとりにされた。以上がジム・ギャリソンの結論である。

映画の冒頭、アイゼンハワー大統領が辞任演説で、今日のアメリカ民主主義は軍産複合体（軍部と軍需産業の結合）の脅威を受けていると警告するシーンがあるが、デタント（緊張緩和）や軍事費削減を望まない隠然たる勢力がアメリカを支配しており、ＪＦＫは彼らの怒りを買ってしまったということだ。

ＪＦＫの外交政策の評価は今でも分かれている。ＪＦＫが生きてもし二期八年務めたとしたらどうだったか。ストーン監督は、ベトナム戦争がもっと早く終結し、六〇年代には冷戦が終わり、フルシチョフとデタントを可能にしていただろうと言う。

この映画はアメリカ全土にセンセーションを巻き起こした。もちろん賛否両論で、元ＣＩＡ長官のブッシュ大統領（当時）は当然、映画の陰謀説を否定している。国家権力のタブーに挑戦したすさまじい映画である。

（一九九二年六月）

「ＬＢＪ　ケネディの意志を継いだ男」

ジョンソン大統領の再評価

ロブ・ライナー監督　二〇一六年　アメリカ　九七分

副大統領から大統領へ

一九六〇年一一月、四三歳の若いケネディが老練なニクソンを破って三五代大統領に当選したとき、世界は熱狂した。「国が君のために何をするかではなく、君たちが国のために何ができるかを問え」という就任演説も新鮮だった。

しかし、二年後の一九六三年一一月二二日、ケネディは突然、テキサス州ダラスで暗殺される。この国家非常時に際して、国政に空白をもたらさないため、ワシントンに向かう大統領専用機エアフォースワンの機内で、ケネディの妻ジャクリーン・ケネディの立ち合いと、連邦判事サラ・ヒューズの執り行いで就任宣誓を行い、三六代大統領に就任したのが、リンドン・B・ジョンソン副大統領だ。ケネディの死からわずか九八分後のことだった。

映画はドキュメンタリーのようにこの世紀の政治的事件を追っている。そして過去に戻る。テレビ映えのするケネディ（ジェフリー・ドノヴァン）に大統領予備選挙で敗れ、副大統領に指名されたジョンソン（ウディ・ハレルソン）は、事実上の党首ともいえる上院院内総務にとどまるか、副大統領という新たな職務にチャレンジするか悩んだ。

副大統領に就任したジョンソンだったが、ケネディ大統領はやり手の弟のロバート（マイケル・

「LBJ ケネディの意志を継いだ男」

DVD 好評発売中／ 3,980円＋税　　Blu-ray 好評発売中／ 4,700円＋税

発売・販売元：ツイン

（本書刊行時の情報）

スタール＝デヴィッド）を司法長官に任命し、ジョンソンは国政の重要な局面から遠ざけられた。命じられたのは、公民権法案に反対する南部・人種分離主義の民主党員と連邦政府との仲介役である。しかし、南部の保守派長老たちと対抗するのは容易ではないことを南部出身の彼は十分認識していた。

闘いの日々の始まり

大統領就任後は状況が一変した。外交、内政あらゆる懸案が押し寄せてくる。ケネディ大統領が登用した超エリート集団「ベスト＆ブライテスト」に侮《あなど》られず、逆に使いこなさなくてはならない。ロバートのジョンソンに対する不信感は公民権

法案についても尾を曳いた。ロバートはすべて兄と比較し、ジョンソンを批判した。

他方でジョンソン大統領は、公民権法に徹底抗戦する南部保守派長老たち、とりわけその中心にいて師弟関係にもあった実力者ラッセル上院議員（リチャード・ジェンキンス）と粘り強く交渉し、妥協点を探っていった。当時のアメリカは、南部と北部、黒人と白人、政治も社会文化も青いアメリカ（リベラル）と赤いアメリカ（保守）に二分され、共通の言葉を欠いていた。双方の言葉に精通した政治家は、テキサスで育ったジョンソン以外いなかった。

ジョンソン大統領はケネディ大統領のビジョンと理念を着実に具体化していった。一九六四年一月の一般教書演説で、「貧困とのたたかい」を表明し、好景気の陰に取り残された人種的弱者の救済の道を探った。健康医療保険や貧困対策、環境規制、公共交通整備、公教育改革、犯罪対策などの国内改革立法を次々と打ち出していった。

一九六三年にはアラバマ州バーミングハムの大規模な人種差別反対デモが各地に波及する動きがあったが、ジョンソン大統領は黒人運動の指導者マーチン・ルーサー・キング牧師とも連携し、一九六四年七月に公民権法を成立させる。これによって、人種、民族、宗教、性別に基づく差別はすべて違法となった。最も包括的な公民権法だった。そして、同年一一月の大統領選でジョンソン大統領は圧倒的な勝利を収めた。

ジョンソン大統領を見直す

しかし、すでに泥沼化していたベトナム戦争の終結までには時間がかかった。北ベトナム空爆停止が発表されたのは、一九六八年三月である。同時にジョンソン大統領は、次期大統領選への不出馬を表明した。ジョンソン大統領が政治的野心とは無縁の人物だったことをうかがわせる。

監督は一九四七年生まれのベトナム反戦世代で、ジョンソン大統領のイメージは、「ベトナム戦争を推し進めて国民から嫌われた大統領」だった。彼のみならず、国民一般に広がっていたイメージでもあった。それがハリウッドの優秀脚本に選ばれたジョーイ・ハートストーンの脚本を読んで、ジョンソン大統領の見えなかった側面を知ることになる。それに監督は感動を誘われた。

ケネディが暗殺されるまでは、国政の主力から外されていたのに、大統領になってからはケネディが組織した閣僚たちにどう対応し、ケネディに期待していた国民にどう応えるか、困難な諸課題に直面した。ハートストーンの脚本はよく調査され、説得的なものだった。

こうしてケネディの陰に隠れて正当に評価されてこなかったジョンソン大統領の等身大の映画づくりが始まった。決してスマートではないが、比類ない政治的力量と交渉力を持ち、着実に政策を進めたジョンソン大統領の姿がよく描かれている。映画の成功は、特殊メイクで表情も仕草もジョンソン大統領になりきった名優ウディ・ハレルソンの存在も大きい。

（二〇一九年三月）

「チョムスキー 9・11」

Power and Terror

対テロ戦争批判とチョムスキー効果

ジャン・ユンカーマン監督　二〇〇二年　日本　七四分

同時多発テロ後のアメリカ政治

二〇〇二年、前年の九月一一日にアメリカを襲った同時多発テロから一年がたち、アメリカはアフガニスタンを攻撃してタリバン政権を崩壊させ、つづいてイラク攻撃の機をうかがっていた。ブッシュ大統領はイラク、北朝鮮、イランを「悪の枢軸」国家と非難し、あくまで武力でテロを封じ込めようとした。アメリカ、イギリス以外の多くの国はイラク直接攻撃に反対し、国連はイラクの大量破壊兵器の査察を行い、国連の枠組みで平和的に問題を解決し、戦争を回避しようとしていた。

他方、二〇〇二年一一月のアメリカ中間選挙で共和党が上下両院で多数を制する「歴史的勝利」を勝ち取り、ブッシュ政権は、さらに強硬な対テロ戦争政策を推進した。悲惨な同時多発テロの後、アメリカ社会は犠牲者への追悼とテロへの憎悪に塗り潰された。ナショナリズムが高まり、ブッシュ大統領の支持率が急騰して、政府の外交政策に反対する声はかき消された。

その中で、果敢な政府批判を行ってきたのが、ベトナム戦争以来、アメリカの外交政策を批判しつづけてきた著名な言語学者でマサチューセッツ工科大学教授のノーム・チョムスキーである。この映画はチョムスキーが同時多発テロ以降にアメリカ各地で行ってきた講演や質疑応答、インタビューなどの活動を記録したものである。

© 2002 SIGLO

「チョムスキー 9.11」
DVD 好評発売中／ 2,500円＋税
企画・製作・発行：株式会社シグロ

（本書刊行時の情報）

アメリカ外交の矛盾を糾弾

チョムスキーは言う。同時多発テロは恐ろしい暴力行為だったが、新しいことではなかった。あのような暴力行為はいくらでもあったが、ただ、アメリカ以外の国で起きていたのだ。問題はそれらの暴力行為の多くにアメリカが関与していたことだ。アメリカは中東や南米やアフリカで堕落した冷酷な政権を支持して、国民の抑圧に手を貸し、民主主義や地域独自の開発発展を阻害してきた。

トルコやイラクやハイチやコロンビアやエルサルバドルや南アフ

リカでは、多数の国民の逮捕投獄や虐殺が行われたが、アメリカはそれらの政府を支持し、武器援助した。タリバンを育てたのも、フセイン大統領のクルド民族弾圧を支援したのもアメリカである。なぜなら、そうすることがアメリカの石油資源支配など利権につながっていたからだ。

そして、それはアメリカだけのことではなかった。イギリスやベルギーやドイツやフランスも同じことをしてきたし、現在も武器輸出大国が存在する。戦後はアメリカが世界最強国になり、アメリカンスタンダードが世界に強制されるようになった。ソ連崩壊後はとくにそうだ。アメリカ国民は歴代政府が諸外国で行ったテロ行為をほとんど知らない。もともと国外のどこかで起こっていることにアメリカ人の多くは関心をもたない。タリバンとアルカイダが拠点としていた国が、アフガニスタンだったことを、アメリカの若者の四割は知らなかったという調査がある。

強国はつねに攻撃を免れてきたので、強国の国民は他地域の悲劇に鈍感になりやすい。ボスニアもアメリカはチェスの手駒に使い、平和的解決をぶち壊して悲劇を拡大再生産した。パレスチナ問題もその最たるものだ。アメリカはイスラエルに武器を提供し、軍事行動を支持している。

アメリカの論理では、イスラエルがレバノンに侵入して二万人を殺しても、問題にならず、パレスチナ人が自爆テロで数人のイスラエル人を殺傷すれば残虐行為として非難し、報復行為を是認する。一九八七年に国連は、あらゆる形のテロを非難する決議案を可決したが、反対票を投じたのは、アメリカとイスラエルの二か国だけだった。国連の安全保障理事会で最も拒否権を発動しているのは、ロシアや中国ではなく、アメリカなのである。世界最強の国家は、国際的な権威を受け入れないのだ。

チョムスキー効果

テロを避けたいなら、テロに関与しないことだ。アメリカ国民は知らず知らず、テロに関与させられている。アメリカこそ最大のテロ国家なのだ。チョムスキーは事実を踏まえてアメリカ外交の矛盾と今回のテロ事件の構造を解き明かす。チョムスキーの一連の発言は注目を集め、講演を聴いた人たちは、長く心に抱いてきたが、口に出せなかった問題の本質を知らされ、励まされる。それがチョムスキー効果といわれる。

チョムスキー効果は広がり、イラク攻撃反対決議がサンフランシスコやデトロイト、シアトルなど全米二十数都市の議会で決議され、マーティン・シーンやキム・ベイシンガー、スーザン・サランドン、マット・デイモンなどのハリウッド俳優もブッシュ大統領に宛てた戦争反対の書簡を公開している。社会的使命感から超多忙なチョムスキーにコンタクトし、このような映画を製作したスタッフに敬意を表したい。音楽は忌野清志郎。

（二〇〇三年一月）

「希望の街」迷走する都市政治

City of Hope

ジョン・セイルズ監督　一九九一年　アメリカ　一二九分

病めるアメリカ社会を描く

ニュージャージー州のハドソン・シティが舞台である。かなり顔見知り社会の気配があるところから、人口一〇万以下の地方都市とみられる。むしろ市というより町のレベルかもしれない。しかし、ここにはアメリカ社会の苦悩や矛盾が詰め込まれている。不況、失業、暴力、麻薬、犯罪、人種問題、政治的腐敗、家庭問題、都市荒廃、等々。

もちろん、ハドソン・シティは架空の都市だ。監督は病めるアメリカの縮図ともいえるこのハドソン・シティを描きつつ、映画のタイトルを「希望の街」としている。これは単なる逆説的表現ではなく、シナリオ、編集、出演も兼ねているセイルズ監督の深い意図を察知させるものだ。

彼は硬派の社会派映画作家として知られている。ウェスト・ヴァージニア州の炭鉱町メイトワンで実際にあった鉱夫のストと会社側の容赦ない弾圧をサスペンスタッチで描いた「メイトワン――一九二〇」（一九八七年）はその代表作だ。炭鉱労働運動史、黒人運動史、左翼運動史に残るこの虐殺事件を彼は綿密に調べてシナリオを書き、自ら資金を調達して、一〇年がかりで映画を完成させた。

現在彼は、「ＪＦＫ」のオリバー・ストーンや「ジャングル・フィーバー」のスパイク・リーと

写真協力　公益財団法人川喜多記念映画文化財団

並んで、アメリカ社会の病弊を鋭く表現する映画作家と評されている。しかし、彼の設定する場所と状況はユニークである。大都市ではなく、小都市を舞台にしてアメリカ社会の抱える問題を過不足なく描出している点もそのひとつだ。とりあえず、ハドソン・シティに足を踏み入れてみよう。

小都市における多彩な人間群像

建設会社の工事現場で働いていたイタリア系の青年ニック（ビンセント・スパーノ）は突然、職場放棄して会社を辞めてしまう。会社は父ジョーが経営するもので、父への反発と人生への漠然とした焦燥感に駆られてのことだ。彼はドラッグに逃避してもいる。だが、カメラはそのままニックの行動を追うことはしない。

次のような人物が次から次へと画面に登場してくる。正義感に燃えて社会改革を目指しつつも、時には政治的妥協も辞さない黒人市会議員のウィン（ジョー・モートン）、クルマの修理工場主だが、裏世界の仕掛人でもあるカール（監督が出演）、過激な黒人民族主義者でウィンに反発するマリクとルヴォン、全米第二位の悪徳市長といわれるバッチ、バッチの秘書でジョーの弟のポーリー、チンピラ気取りの黒人少年ティトとデズモンド、電気店に盗みに入ってつかまるニックの仲間のボビーとジップ。

さらに上院に立候補するため、市長の不正に付け込み、取り引きする地方検事補のジマー、警官リゾと離婚して、ウエイトレスをしながら病弱な息子を育てているアンジェラ（バーバラ・ウィリアムス）、ニックとアンジェラの仲を嫉妬してニックを撃つリゾ、ティトとデズモンドに同性愛者として攻撃される大学教授のレス、市政の腐敗を知り尽くしている引退した黒人市長エロル、つねに何かを叫んでいるが誰にも相手にされない狂人（？）のオブライエン、等々。

カオスとしてのハドソン・シティがこれら三八人にも及ぶ登場人物によってダイナミックな熱気をたたえながら描かれる。そこにはスーパースターはいない。立場の違いはあれ、誰しもが問題と矛盾を抱えている。人生はもともとあいまいで割り切れない部分が多いものだと語っているようだ。同時に彼ら相互が何らかの形で直接間接に結びついており、多くの支流が最後に太い本流に飲み込まれていくようなストーリーの収斂《しゅうれん》性がある。

絶望の街から希望の街へ

〝希望の街〟というセリフは、選挙資金集めのパーティーで演説する市長の言葉として出てくる。「ギャラクシー・タワー計画は、当市を活性化させ、復権させるために必要です。当市を再び、未来の街にしようではありませんか。希望の街に！」

しかし、そのギャラクシー・タワー計画強行のために老朽アパートが放火され、ヒスパニック系の母子が焼死する。舞台裏では醜い政治的取り引きが行われる。旧支配層・アイルランド系の市長や権力周辺の人々、ニックやジョー、アンジェラなどイタリア系の人々、周辺に追いやられている黒人、ヒスパニック系の住民。多様な住民の多様なドラマが疾走して、絶望の街から希望の街への暗示を残して映画は終わる。絶望と紙一重のところにある微かな希望へのメッセージが、ネヴィル・ブラザーズの「フィアレス」に乗って流れる。

まさに都市問題と都市政治の映画といっていい。そこには構造的に日本も関わっており、ジャパン・マネー、ニンテンドー、ヒタチ、トーシバなどの単語が続々出てくる。こうしたダイナミックで重量感のある現代都市を描いた作品が、日本で少ないのはなぜだろうか。（一九九三年二月）

本書は、『地方財務』（ぎょうせい）に著者が連載してきた「映画の窓から」の一部を編んだものです。

村瀬広（むらせ　ひろし）
1944年山形県鶴岡市生まれ。
映画評論家。著書に『映画は戦争を凝視する』（新日本出版社、2016年）。

アメリカが面白《おもしろ》くなる映画《えいが》50本《ぼん》

2019年11月20日　初　版

著　者　村　瀬　　広
発行者　田　所　　稔

郵便番号　151-0051　東京都渋谷区千駄ヶ谷4-25-6
発行所　株式会社　新日本出版社
電話　03（3423）8402（営業）
03（3423）9323（編集）
info@shinnihon-net.co.jp
www.shinnihon-net.co.jp
振替番号　00130-0-13681
印刷・製本　光陽メディア

落丁・乱丁がありましたらおとりかえいたします。

ISBN978-4-406-06395-1 C0074　Printed in Japan